깊은 우물

깊은 우물

지은이	박용상
펴낸이	조혜경
디자인	김이연
발행처	지혜의언덕
초판발행	2025년 3월 4일
출판등록	제2022-000024호 (2022.03.11)
주소	성남시 분당구 운중로 242 리버스토리 407호
문의	전화 070-7655-7739 팩스 0504-264-7739
	이메일 hkcho7739@naver.com

ISBN 979-11-991045-1-8 (03810)

ⓒ2025 박용상
이 책은 저작권 법에 따라 보호받는 저작물이므로 무단전제와 복제를 금지하며, 이 책의 내용의 전부 또는 일부를 이용하려면 반드시 저작권자와 출판사 지혜의 언덕의 서면 동의를 받아야 합니다.

※ 잘못된 책은 구입하신 곳에서 교환하여 드립니다.
※ 책 가격은 표지 뒷면에 있습니다.

깊은 우물

박용상 지음

추천사

깊은 우물

목회, 하면 떠오르는 문장이 하나 있다. "목회는 사람이 할 수 있는 일이 아니다."라는 말이다. 할렐루야교회 김상복 원로목사님의 목회결론이다. 이런 고난의 대명사 '목회'를 40년 동안 걸으신 분이 지금 노래를 하고 계신다.
시인!
시인이시다.

시인은 고난의 40년을 푸념, 원망, 비관, 절망으로 색칠하지 않는다. 코스모스, 제비꽃, 담쟁이꽃, 숲속 노란꽃, 진달래, 국화꽃, 목련, 연꽃, 매화 그리고 야생화들을 불러 노래하잔다. 촌음을 스치는 바쁜석양을 멈춰 세워놓고 같이 노래 하잔다. 구름을 불러 말을 건넨다. 흔들리는 억새한테 이중창을 하잔다.

은밀한 산 속… 그 비밀을 밟는 발자국 소리, 그게 노래다. 하늘과 땅과 외로운 소나무 틈새를 비집고 숨겨가는 태양이 색깔춤을 추는 무대… 결코 아무나 못 보는 신비를 본 시인은 견딜 수가 없다. 토하고 싶다. 보여주고 싶다.
아, 깊은 우물….

연예인들이 레드카펫을 걷는다 하였든가? 시인은 세월이 융단되어 누위있는 레드카펫, 노란카펫을 사각사각 걷는다. 천왕봉, 신선대… 고리봉, 묘봉치, 만복대, 정령치… 팔랑치, 바래봉, 덕두봉… 보통사람들 거의 다 모르는 이름들을 지나간다. 걷는 시인과 어느새 나도 같이 걷는다. 땀도 난다.

걷다보니 시인의 영혼이 삐져나온다. 마음의 갈피갈피가 흘러나온다. 다 보인다, 다 비친다, 다 들린다. 아~ 투명하다! 깨끗하다.

노모가 칠순 아들에게 말아주는 깨국물 메밀국수 나도 먹고싶다. 큰아들 결혼식…그 분주한 날도 그는 시인이다. 의사 시험 보는 날은 나도 조마조마하다. 이빨 다섯 개가 몸을 떠났다니 안타깝다. 손주가 청소하는 교회당 먼지냄새도 달다. 교계의 혼탁함을 지나치는 분도 아니요, 국가의 미래가 염려되지 않는 이가 아닌데… 깊은 산 속 바위 옆, 실 뽑아 십자가 틀 만들어 집 짓는 거미랑도 친구다. 몇 시간을 거기 앉아있는 친구다.

그래, 맞다. 이 시인의 시는 어디 시 뿐이런가? 다큐이고, 수채화이고, 사진이고, 설교이고, 일기이고, 유언이고, 탐색이고, 기도이다.

깊은 우물 곳곳에 숨어있는 '어? 성경이 읽어지네' 흔적들… 양탕국, 하수오 홀씨처럼 아하자!, 말씀 블레싱… 툭 툭 튀는 친숙한 암호들에 갑자기 영혼이 쭈빗해 진다.

이런 종합 장르가 이 한 권에 다 들어있다니…
역시, '깊은 우물' 맞다.
워! 워!!~ 깊은 우물에 얼굴 내리고 소리 쳐 본다.
신비로운 무지개색 파동이 부딪힌다.
무한대 파동으로 노래할 깊은 우물….

이애실 _ '어? 성경이 읽어지네!'외 다수 저자.
샘터 성경사역원 원장

추천사

박용상 목사님의 시집 <깊은 우물>이 출판된 것을 진심으로 축하드립니다. 박목사님은 저와 총신 신대원 동기입니다. 박 목사님은 평생 한결같은 마음으로 주님을 사랑하고 주님의 몸 된 교회를 진실되게 섬겼습니다. 누구보다도 기도와 말씀으로 일관된 삶을 살아왔습니다. 금번에 이렇게 훌륭한 시집을 내신 것을 보고 적지 않게 놀랐습니다. 박목사님은 분주한 목회자의 삶을 살며 오랫동안 틈틈히 쓴 시를 출판하였습니다. 그 사실 하나만으로도 저는 존경의 박수를 보내고 싶습니다. 목회자가 시인의 마음을 유지하는 것은 결코 쉽지 않은 일인데 이렇게 아름다운 열매를 거두게 되어 기쁜 마음이 한량없습니다. 시인은 언어의 마술사인 것 같습니다. 저자의 말처럼 화가는 붓으로 그림을 그리지만 시인은 언어로 그림을 그립니다. 박목사님의 시는 너무나 생생하여 정말 그려집니다. 진양호, 백두산, 데린구유에 대한 시들은 참으로 감동적이고 인상적이어서 방문하고 싶은 마음이 굴뚝같이 올라옵니다. '깊은 우물'이라는 제목이 암시하듯이 이 시들은 깊은 우물에서 퍼올린 맑은 샘물과 같습니다. 박목사님은 이제 목회를 마무리하는 시점에 있습니다. 이 시들에는 저자의 평생의 목회 고백과 삶의 애환이 고스란히 담겨 있습니다. 그런데, 이 시에는 항상 기쁨과 감사, 찬양과 경배로 일관성있게 매듭을 짓습니다. 저자의 시에는 또한 깊은 신앙과 하나님에 대한 사랑이 녹아 있습니다. 결코 비관적이지 않고 복음의 감격과 구원의 기쁨이 녹아 있습니다. 때때로 저자의 시는 한 편의 응축된 설교 같기도 합니다. 설교한대로 살기를 원하는 저자의 몸부림이 여기저기 느껴집니다. 목사님의 시를 음미하다 보면, 저도 지나간 삶의 추억들이 상기되며 공감되기도 합니다. 한결 마음이 따뜻해져옵니다. 저자의 청년 같은 기상이 느껴지고 마음이 맑아집니다.

  제가 이 시집을 추천하는 이유는 저자의 진솔한 삶이 고스란히 담겨있기 때문입니다. 목회자로서, 그리고 신자로서 하나님 앞에서의 삶의 모습이 소박하고 솔직하게 드러납니다. 박 목사님의 시집을 서가에 장만하고 틈틈이 음미하기를 기쁜 마음으로 추천합니다. 분주하고 산란했던 마음이 어느 덧 차분해지고 맑아집니다.

김추성 _ 합동신학대학원대학교 교수

시집을 내면서

　삼십 세에 그분의 부르심에 순종하여 칠순이 되기까지 목자의 천직을 맡아 목양일념(牧羊一念)으로 살아오다보니 어느덧 인생의 황혼길에 들어서게 되었고 사역의 일선에서 물러날 때가 다가오는 시점에서 희노애락(喜怒哀樂)으로 점철된 과거를 돌이켜본다.
　청년의 때에 군 생활 중 질병을 통해 찾아오신 그분은 나의 영육을 치료하시고 회복시키셨고, 구원의 은혜로 믿음의 여정을 걸어가게 하시어 하나님의 형상을 회복한 자로 살아온 지 사십 년이 훌쩍 넘어선다.

　나의 서재에는 수천 권의 책이 있다. 그 책들을 읽는 중 "화가는 그림으로 시를 쓰고 시인은 시로 그림을 그린다"는 글을 읽은 적이 있다.
　18년 전 진양호 호반 능선을 따라 산책 중 벼랑사이로 나 있는 오솔길 한 켠에서 석양을 바라보고 있을 때 불현듯 내게 시상이 떠올라 시로 그림을 그리기 시작하여 지금까지 170여 편의 시가 탄생하게 되었다.
　이후 문예춘추 동인지 "시인부락(詩人部落)"에 2012년(제4집)부터 2024년(16집)까지 13년간 매년 5편의 시를 출품해오면서 생명과 동인으로 활동해 오던 중 처음으로 용기를 내어 시집을 내게 됨은 전적으로 그분의 은혜다.

　무엇보다 이 시집이 나오기까지 섬세하고 치밀하게 교정해주신 출판사 편집위원들과 지혜의언덕 대표 조혜경 사모님께 감사를 드린다.

바쁘신 중에도 사랑을 담아 영감으로 "추천의 글"을 써 주신 생터 사역원 원장이신 "애실쌤"과 총신 신대원 동기이며 현재 합동신학원 대학교 신약학 교수로 국내는 물론 세계적으로 요한계시록의 권위자이며 학문과 깊은 영성을 겸비한 "김 추성 교수"께 감사드린다.

부족한 저와 함께 하나님 나라를 일구어가는 복된 하나님 나라의 가족인 서진주교회 사랑하는 믿음의 지체들과 예수 믿어 구원의 여정을 걸어가고 있는 어머니와 형제, 친지, 그리고 이 시집의 출간을 보지 못하고 먼저 떠나신 아버님께 감사를 드린다.

끝으로 이 시집을 출간할 수 있도록 허락하신 성 삼위 하나님께 감사드리며 현숙한 여인으로 평생 든든한 나의 후원자인 사랑하는 아내 경희와 아들 충진, 광진, 며느리 영은, 솔우, 손녀 주안, 유진, 하음과 함께 이 기쁨을 나누고자 한다.

원하기는 이 시집을 읽는 분마다 그분의 사랑을 느끼며 경험하며 가까워지기를 두 손 모은다.

"우리가 감사함으로 그 앞에 나아가며 시를 지어
즐거이 그를 노래하자"(시 95:2)

2025년 2월
서진주 교회 서재에서

목차

1부

말씀 블레싱 15
흔적 18
가을 20
발자국 21
코스모스 23
가덕도 어음포 25
의로운 해 떠오르고 27
개벼리 길(추억의 옛길) 30
통천문(천문산) 33
비(rain) 35
햇빛 동산 36
그곳에 37
소나무와 나 38
자유자로 산다 39
청계산 기도원 41
이 땅에 43
노을 속 독수리 45
오륙도 46
땡벌 마사지 47
침묵 속에 49
매미들의 합창 50
낙엽 51
그대 아는가 52
하수오 홀씨처럼 54
박석 위 제비꽃 55
일출과 일몰 57
상사화(相思花) 59
카시강을 열며 61
향일암과 십자가 64
설 명절에 68

2부

혼자가 아니다 71

중심 잡기 73

수반(水盤)이 된 천왕봉 74

바닷가 산책 75

은비(grace rain) 77

봄이 오는 길목에서 79

축시(소원) 81

나, 담쟁이 꽃 84

태풍 속에 고요 87

매봉산에 올라 89

늦가을 93

산길 95

나 97

백두산에 올라 99

채우소서 104

거미와 나 106

국화꽃 108

영혼의 닻 110

부활 112

옹달샘 114

은행잎 116

바위섬에 앉아 118

숲속의 노란꽃 119

뚝방 위 120

진양호 전망대 121

낙조 122

진홍빛 진달래 124

하늘길 열리고 126

25년 후에 128

벌과 나 130

3부	한 해의 끝자락에서 135
	조화 137
	천국의 물류창고 139
	소석원 돌의자 140
	말씀의 우물을 파게 하소서 143
	평강을 누리려면 150
	거미와 십자가 152
	그분과 함께 154
	동백 157
	가을이면 159
	말씀 앞에 161
	하늘 캔버스 163
	소석원의 밤 164
	일몰 165
	상수리나무 아래에서 166
	진리의 길 168
	지리산 주목(朱木) 169
	너는 행복자 172
	본향으로 가시는 아버님을 환송하며 174
	기도의 처소를 찾아 177
	제비꽃 181
	옹달샘 가는 길 183
	엔텔로프 캐년 속의 십자가 185
	삼위일체봉 187
	양탕국 사람들 189
	얼마나 좋을까 191
	기도의 걸음으로 193
	성제봉에 올라 196
	황매산 억새평원 198

4부

연꽃 200
십자가와 부활 201
십자가와 목련 202
봄비 203
꽃과 작품 204
칠순이 시작되는 날 205
새해 천왕봉 일출 208
선샤인 211
엄마표 깨 국수 212
손녀의 교회청소 214
교회 장막터 215
태풍 힌남노 216
내 치아 217
0.73% 218
봄을 기다리며 220
꽃이 핀다 222
나는 노래한다 223
마이산 십자가 225
가을을 걷다 227
탑 바위 228
봄, 목련꽃을 피우며 230
생명의 알 231
매화 232
커피와 익투스 233
거제 망산에 올라 235
신선대에 올라 237
고사목 238
마음이 동하면 240
지리산 야생화 242
천왕봉 일출 243

1부

말씀 블레싱

새벽 미명에 일어나
기도회를 인도하고
꽃사슴과 함께
천삼백여 리를 달려
이애실 사모를 강사로 하여 열리는
"말씀 블레싱"에 참여하기 위해
설악 켄싱턴 리조트에 왔다

앞에는 동해가 내려다보이고
집채만 한 파도가 해변으로
밀려왔다 부서지며 흰 포말을 일으킨다
계속되는 파도의 부딪힘
해변의 모래판은 새로운 그림을
만들어가고 있다

찬양과 기도로 시작된 "말씀 블레싱"
하늘 아버지의 마음이 주님의 마음이
강사의 인격과 입술을 통해
모인 심령들 위에 폭포수처럼 쏟아지고
내 가슴에 파도처럼 부딪혀온다

우주를 창조하시고
수많은 별 가운데
보석 같은 지구를 만드시고
그 안에 당신의 형상으로 인간을 만드시고
보시기에 좋았더라 하시며
심히 기뻐하셨던 그분께서
나를 보고 기뻐하신다
울고 계신다
안타까워하시며 나를 부르신다

역사를 주관하시는 그분이
역사를 타고 우리가 사는
이 땅 공간 속으로 오셔서
함께 숨 쉬고 먹고 마시며
하나님의 나라를 잃어버린
하나님의 형상을 잃어버린 채
살아가는 방황하는 심령들과 함께
사시면서 전하셨던 생명의 말씀!
진리의 말씀! 구원의 말씀!
나로 하여금 듣게 하시고

보게 하시며 느끼게 하시고
전인적으로 경험하게 하신다

몰려오는 파도 속에서
짙게 드리운 운무 속에서
함초롬히 피어있는 꽃 속에서
이슬 머금은 풀잎 속에서
유월의 푸르름 속에서
성령의 바람을 타고
파도를 타고
말씀 블레싱으로 나에게
사모하는 모두에게 다가온다

흔적

살아 있는 것에는 상처가 있다
조개가 상처로 인해
고통 속에서
진주를 만들듯
살아 있는 나무도 상처로 인해
자기 몸에 아름다운 그림을 그린다
유일한 그림을 그린다
독특한 그림을 그린다

어느 화가도
흉내 낼 수 없는 아름다운 그림을
온몸으로 그린다
상처로 인해
파이고 파인 사면은
수직 벽을 만들고
단단한 나뭇갱이는
신비한 조각품으로 변화되고
진행되는 상처의 깊은 심연에는
또 다른 생명체의 처소 만들어준다

사람도
나무처럼 상처로 인해
절망하지 말고
좌절하지 말고
주저앉지 말고
생명을 포기하지 말고
생명을 주신 그분을 바라보며
그분의 도우심을 입어
끝까지 인내하며
고통을 성숙하게 하는 에너지로 하여
온몸으로 저마다 아름다운 인생의 작품을
만드는 자가 되면 얼마나 좋을까

가을

하나님이

창조한 우주 만물

그분의 작품 속 파아란

생명의 별 지구

빛으로 비추고 비 내리고

꽃으로 피어나고 열매를 맺지요

하이얀 눈옷 입은 겨울 새싹 돋아나고

꽃피는 봄

녹음 우거지는 여름 지나

오곡백과로

우리 모두에게

한 아름씩 안겨주는

가을이 있어

좋다

발자국

사람들은 모두가
발자국을 남긴다
개인의 인생 여정에서
자신이 속한 공동체 안에서
발자국을 남긴다

그것은 그 사람의
삶의 흔적이다
그것은 그 사람의
인생의 흔적이다
그것은 그 사람의 역사(history)이다

세월의 파도가
분초마다 밀려오고
세대의 폭풍과 함께
밀려와 쓸려가도
그래서 이 땅에 남긴
발자국을 다 지운다고 해도

나는

이 땅에서

그분께서 삶을

허락하는 날 동안

그분의 기쁜 소식을 전하는

발자국을 남기리라

복된 발자국을

어, 성경이 읽어지네 (강사:이 애실 사모)
"말씀 블레싱" 집회에 참석 중 새벽 기도를
마치고 이른 아침 바닷가를 거닐며 (2011.6.2)

코스모스

청명한 가을
늦은 오후
호반길을 내달려
진수교를 지나 대평에 오니
만발한 코스모스
나를 반긴다
빨강, 분홍, 흰색
다양한 모습으로 활짝 피어
바람결에 흔들리는 자태
곱고 아름답다

수만 평의 대지 위에
제각기 다른 자기만의 색깔과
크고 작은 얼굴을 내밀어
수줍은 모습으로 피어나
바람의 지휘 아래
온몸으로 노래하는 모습은
자기를 꽃 피우게 하신
그분을 찬양하는 것 같다

나도
어느 틈엔가
코스모스 군상 속으로 들어가
바람의 지휘 아래
함께 그분을 노래한다
온몸으로 그분을 노래한다
코스모스와 함께
새들과 함께
나비와 함께

가덕도 어음포

진주를 떠나
올해도 한결같은 걸음으로
새해 목회를 기도로 준비하고자
가덕 기도원에 와서 머문 지
셋째 날 오후 가덕도 둘레 길을 따라
누렁 능을 지나
어음포 바닷가에 왔다
고기 소리가 많이 난다 하여
붙여진 "어음포" 포구 한 켠 바위에 앉아
묵상에 잠긴다

 문득
"깊은 데로 가서 그물을 던져라
내가 너를 사람 낚는 어부 되게 하리라"는
주님의 말씀이 생각난다
기도 속에
얼마의 시간이 지나고
눈을 떠 산을 보니
골짜기를 타고 내려온

뒤 켠에는
작은 물줄기
폭포 되어 흐르고

해변에는
수많은 몽돌이
파도에 부딪혀
구르는 소리
주님이 만드신
자연 교향곡
포구 가까이 떠 있는
고기잡이 배 한 척
멀리 아스라이 보이는 거북섬
그 너머 대양이
끝없이 펼쳐져 있다

의로운 해 떠오르고

새벽 미명

일어나 어둠을 뚫고

가덕도 한 켠

오솔길 따라

그분께로 나아가

그분의 처소로 들어가

그분 앞에 조용히 앉는다

그분을 노래하며

그분의 말씀을 들으며

그분과 교제하며

하루를 연다

저 멀리

수평선 너머

어둠을 뚫고

구름 사이로

태양 솟아오른다

어두움 물러가고

바다는 은빛으로 빛나고
하늘은 붉게 채색되고
온 누리 환하게 밝아온다

"만군의 여호와가 이르노라
내 이름을 경외하는 너희에게
의로운 해가 떠올라서
치료하는 광선을 발하리니
너희는 나가서
외양간에서 나온
송아지 같이 뛰리라"

말라기 선지의
예언대로 그분은
이 땅
어두움 속에 빛으로 오셨다
생명의 빛으로
의의 빛으로
진리의 빛으로
치료의 빛으로

어두움 가운데 있는 자여
일어나라
빛으로 나아 오라
빛 되신 그분께로 나아오라

오
빛으로 오신 주여
이 땅 어두운 곳에 앉아 있는
심령들에 비추소서
북녘
흑암의 땅에 신음하는
내 동포에게 비추소서
온 누리 열방에
힘있게 비추소서

개벼리 길(추억의 옛길)

어릴 적 웃개(남지)장이 열리는 날이면
부모님을 따라나선다
고향 마을을 나와 초등학교를 지나
한참을 걸어 영아지까지 오면
개벼리 길이 시작된다
개 한 마리가 지나다닐 수 있다 하여
불리어진 개벼리길은 낙동강을 따라
벼랑 사이로 십여 리나 꼬불꼬불 뻗어 있다

어린 나이에 벼랑길을 걸을 때면
긴장과 두려움이 어우러져 벼랑 길을
쿵쾅거리는 가슴을 안고
빨리 벗어났으면 하는 마음으로
벼랑 쪽으로 바짝 붙어
지나다녔던 그때가 지금도 추억 속에 아련하다

왕복 사십여 리가 넘는 웃개장을
어르신을 따라 다녀오는 날이면
온몸이 녹초가 되어 고생한 기억이
엊그제같이 생생하다

개벼리길

민초들의 삶의 길이요

우리의 부모님과 선조들의

애환이 서려 있는 길이

수십 년이 지난 지금은

역사의 흐름 속에

흔적만 남겨져 있는

옛길이 되어 버렸다

개벼리길

어린 시절과 청소년 시절의

추억이 담겨있는 옛길을

아내와 함께 늦은 가을

찾아와 함께 걸어보는

기회를 가졌다

개벼리길

이다음에는

아직도 살아 계셔서

하늘의 소망을 가지고

가까이 살고 계시는

부모님을 모시고

추억의 옛길

개벼리길을 걸어보고 싶다

🍃 어릴 적 추억의 옛길 걸으며 (2011. 12월 어느날)

통천문(천문산)

하늘로 통하는
문이 있는 산이라 하여
불리는 천문산 통천문에 이르니
거대한 바위산 사이로 나 있는 문이
하늘 향해 뚫려 있고
통천문으로 가는 유일한 길
까마득히 계단 되어 나 있다
나도 아내와 함께
통천문을 향해
가파른 계단을 오른다

문득
주님의 말씀이 생각난다
내가 문이니
누구든지 나로 말미암아 들어가면
구원을 얻고
또한 내가 길이라고
그렇다
이 지구상에 하늘로 통하는 문이 있는 곳은

여기 천문산에 있듯이
하나님 나라로 통하는 문은
예수 그리스도밖에 없다
하나님 나라로 가는 길은
예수 그리스도밖에 없다
그 길은 비아 돌로로사요
그 길은 십자가의 길이다

우뚝 솟은
구약과 신약은
영적 천문산이다
예수 그리스도는
천국으로 통하는
유일한 천문이다
예수 그리스도는
천국으로 가는
유일한 길이다

비 (rain)

비가 내린다
주룩 주룩 주루룩
그것은 오염되고 더럽혀진
이 땅을 향한
하늘 아버지의 눈물이다

비가 내린다
가을비가
주루룩 주루룩
그것은 메마른 대지를
적시는 은총의 비다

비가 내린다
호수 위와 낙엽 쌓인
오솔길 위에도 쉼 없이 내린다
그것은 그분을 향한
그리움의 비다

햇빛 동산

햇빛 동산 가운데
붉게 물든 단풍잎처럼
내 심령의 동산에
주의 보혈로 덮으소서!
그리하면 내가 정결하겠나이다

햇빛 동산 한 켠
돌의자에 환히 비취는 빛처럼
내 마음의 동산 좌소에 오셔서
주의 진리로 환히 비춰주소서!
그리하면 내가 빛 가운데로 다니겠나이다

햇빛 동산 가장자리
지어진 아담한 집처럼
내 믿음의 동산에
사랑의 집을 짓게 하소서!
그리하면 내가 소망 가운데 살겠나이다

그곳에

나는 오늘도
홍수 속에 만나는
생수를 얻기 위해
햇빛 동산을 찾는다

떨어져 뒹구는 낙엽
동산 연못의 잔물결은
한 폭의 풍경화를 연출하고
초겨울의 바람에
손끝이 시려온다
나는
돌의자에 앉아
사랑하는 님에게로 나아간다

그곳에
생수가 있고 사랑이 있으며
생명이 있고 구원이 있으며
치유가 있고 회복이 있으며
풍성함이 있고 만족함이 있으며
안식이 있고 행복이 있다

그곳에

소나무와 나

거대한 바위산

그 위에 떨어진 솔방울 속에

홀씨 나와 바위 틈새 싹 틔워

뿌리 내리고 자라 가지 뻗어

그 끝에 푸르른 솔잎 하늘 향한다

나 또한

바위 틈새 싹틔우고

뿌리내려 자란 소나무처럼

반석되시는 그분의 사랑속에

영원한 생명의 싹틔우고

믿음의 뿌리 내리고 자라 소망의 가지 뻗어

하늘을 향한다

자유자로 산다

늦가을 햇빛 동산
뒹구는 낙엽
청명한 하늘
온갖 새들의 지절거림
따스한 가을 햇살 비쳐오는 오후
나는 돌의자에 앉아
A. W토저의 "철저한 십자가"
책 속에 빠져든다

Chapter19
하나님의 심판대 앞에
설 준비를 하라는 토저의 말
"현재 하나님 앞에
인류는 집행유예상태다."
보라!
내가 너희 앞에
생명의 길과 사망의 길을 두었으니
너는 오늘 택하라!
하시는 하나님

나는
그분 앞에서
행복자로 산다
이는 하늘 아버지의 은총이다
이는 예수 십자가의 사랑이다
이는 성령님의 도우심이다

청계산 기도원

우여곡절 끝에 서울 외곽
민족의 대동맥 경부선이
남쪽을 향해 뻗어 내려가는 것이
내려다보이는
청계산 기도원에 왔다
늦은 밤
그분께로 조용히 나아간다
그분 앞에 머물 때 그분의 사랑
그분의 위로

그분의 따스한 손길이
내 영육을 어루만지며 감싸온다
문득
노래의 한 구절이 떠오른다
"주께 가까이 날 이끄소서
간절히 주님을 원합니다.
목마른 나의 영혼
주를 부르니 나의 맘 만져주소서"

나는
고백한다
속삭이듯
마음으로
영으로
온몸으로
당신을 사랑한다고

이 땅에

인천서 뱃길로
4시간 30분
서해 5도의 최북단
해무 자욱한 백령도
이 땅에 복음이 최초로 전해진 곳
소래교회 다음으로 세워진

중화동 교회가
117년의 세월을 딛고
우뚝 서 있는 이곳에서
"총신 82, 42 기도용사" 모여
구국기도회가 열렸다

지구상
유일하게 분단된 나라
십자가로 하나 되게 하소서
서로 총부리를 겨누어온
남과 북

이제 서로 사랑함으로
용서하게 하시고
이해하고 용납하게 하소서
오! 주여!
북한에 복음이
이 땅 온 누리에 평화를
통일 한국을 주소서

노을 속 독수리

멀리 금오산 우뚝 솟아 있고
겨울 바다가 내려다보이는
한적한 어촌마을 서포 바닷가 한 켠
한려수도 기도원에
청년회 수련회 차 왔다

늦은 오후
휴식시간에
마당을 나와보니
저녁노을 붉게 물들고
나는 어느새 구름이 되고
한 마리의 독수리가 되어
노을 속 태양을 향해 날아든다

오륙도

이기대 올레길
벼랑 위 뿌리 내려 자란 나무
무성한 잎새
낙엽 되어 떨어져 초겨울
앙상한 나뭇가지 사이로
클로즈업되어 다가온 오륙도

그것은 바다 위의 흑진주다
그것은 그분의 걸작품이다
그것은 부산항의 역사다
그것은 부산항을 파수하는 문지기다
그것은 부산항을 들며 나는 배들의 안내자이다

땡벌 마사지

한여름 폭염을 피해
햇빛 동산 돌의자에 앉아
책 속에 빠져든다
그때 어디선가 날아온 땡벌
발가락 사이에 앉았다
무언가 열심히 먹고 있다

느낌
간지럽다 못해 따끔거리기까지 하다
언젠가 피쉬 마사지를 받은 기억이 아련하다
그런데 지금 땡벌 마사지를 받고 있다
발 족욕 후 불어난 발가락
사이의 피부 각질을 먹고 있다
꿀을 따기 위해 꽃을 찾아다니는 벌
내가 꽃으로 보이는가 보다

발가락 사이의 각질을
열심히 채취한다
휴가 첫날
신록 우거진 동산 한 켠에서
땡볕 마사지를 받게 하시는
특별한 하나님의 은혜
감사! 감사! 감사!
이것이 축복의 마사지 아닌가!

침묵 속에

집현산 중턱
햇빛 동산 이른 새벽
조용히 일어나
그분께로 나아간다

고요함과 정적 속에
집현산 옹달샘 물 흘러
동산 연못에
옥수되어 떨어지는 소리 들리고

나는
침묵 속에
생수의 근원 되시는
그분께 무릎으로
나아간다

매미들의 합창

둘째 날 이른 새벽

햇빛 동산, 고요를 깨고

인고의 세월, 그분의 섭리 따라

우화羽化의 과정을 거친

매미들의 합창이 시작되고

동산 연못에 떨어지는

물소리 들려 올 때

나는 언제나처럼

습관을 좇아 소망을 주신

그분께로 나아간다

낙엽

주룩 주룩
주루룩
내리는 늦가을 비
우수수 떨어지는 낙엽
소석원 돌의자와
크고 작은 박석 위에
노오란 은행잎 떨어져
황금빛 융단되어 깔리고
그 위에 빠알간 단풍잎 떨어져
점점이 수놓는다

나는
낙엽 위를 걸으며
동산지기가 사십 년 걸려
힘써 준비해 놓은
소석원이란
캔버스 위에 그분께서
비와 낙엽을 재료로 삼아
바람 붓으로 그려내는
아름다운 풍경화 작품을 바라보며
속으로 탄성을 지르다 말고
그분의 임재 속에 깊은 묵상에 잠긴다

그대 아는가

그대
아는가
우리의 죄와 허물 위해
살 찢기시고 피 흘리신
핏빛 사랑을
그 사랑으로

지금
이 시간에도
보좌 우편에서
우리를 위해 간구하고 계시는
그분의 사랑을
그 사랑 안에서

우리 만나
관심의 안경 쓰고
서로 탐색하다
사랑으로 승화되어
생명 움터오는 봄날에
여기 서 있는 그대와 나

그대 보는가

이제 그 승화된

사랑 안에 살며

사랑함으로 살며

사랑으로 만들어갈

행복한 삶을

그 사랑으로 꿈꾸어갈

행복한 미래를

그 사랑으로

생명의 씨 뿌려 가꾸어갈

복된 가정을

하수오 홀씨처럼

집현산정
저물어가는 한 해의 끝
석양에
빛을 받으며
어디론가 날아가 뿌리내려
사람들과 짐승들에게
유익을 줄 하수오 홀씨처럼
그분께서 허락하신

새해
여기 함께한
한 분 한 분이
말씀의 홀씨 되어
가정과 교회, 캠퍼스와 이웃을 넘어
북한과 열방의
모든 심령에게
그분의 말씀과 사랑을 흘려보내는
축복의 통로가 되는
이 땅의 "아하자"들이
되게 하소서
되게 하소서

"아하자"는 '아름다운 하나님의 자녀'의 줄임말

박석 위 제비꽃

올해도
어김없이
햇빛 동산에 찾아온 봄
그분의 섭리 따라
박석 깐 돌 틈새 비집고
올라온 가늘고 긴 꽃대에 달려
함초롬히 피어난 제비꽃
하트 모양을 그리고 있다

보아주는 이 없어도
알아주는 이 없어도
이제 곧 누군가에의 발에
밟혀질지라도
낮에도 밤에도
비바람 속에서도
고고한 자태로 활짝 핀
자주색 제비꽃

그 옛날
그분이 걸어갔던
비아 돌로로사(Via Dolorosa)와
골고다에도 피었을까?
그분의 제자들이 걸어갔던
압비아 가도(Via Appia)에도
하트를 그리며 피었을까
피고 있을까

일출과 일몰

사람의 출생이 일출과 같고
사람의 마지막이 일몰과 같도다
일출과 일몰 사이 여정을 걸어가는
나의 인생은
나그네 인생

죄와 사망, 질병과 고통의
골짜기에서 그분을 만나
어그러지고 거스르는
세대 한가운데서
그분과 함께 동행하며
살아가리라

그분의 모양과
그분의 형상을 회복한 자로서
성령의 도우심 받아
그분의 모양과 그분의 형상을
내 삶 속에 온전히
반영하며 살리라

나그네 여정에

일출의 아름다움

보지 못했지만

일몰의 아름다움

그분이 허락하시면 보리라

상사화(相思花)

겨울지나
이른 봄
돌 틈
잎새 틔워 자라
무성한 숲 이루더니
흔적 없이 사라지고
초여름 되어 사라진 그 자리
잎은 꽃을 못 보고
꽃은 잎을 못 본다 하여
불리워지는 상사화(相思花)

잎의 숭고한 희생으로
꽃은 고상하고
아름다운 자태를
뽐내며 피어난다 하여
"참사랑"이란
꽃말을 가진 상사화(相思花),
나를 위해 자신을
온전히 내어주신

그분의 참사랑을
생각하게 하는 상사화(相思花)

비 온 뒤
영롱한 빗방울 가득 머금고
품위 있게 꽃대를 이고
솟아 올라와 실눈을 하고
예쁜 미소 짓는다

카시강을 열며

여기 지리산
자락에 터 잡은
천년의 고도 진주,
예술의 도시 진주에
"빛의 도시(카시Kashi)와
생명의 강(강가Ganga)"을
의미하는 "카시강"이라는
인도 전통 음식점을
열게된 것은
사랑하는 아들을 향한
그분의 전적인
은혜이기에

그 아들이 이곳에서
사랑과 정성을 담아
맛을 내고
그분의 도우심을 입어
끊임없는 연구와 노력,
미적 감각과 창의력으로

레시피 하나하나에
예술 작품이 되고
음식을 즐기기 위해
들며 나는
모든 분에게
최선을 다해
친절히 모실 때

예술의 꽃을 피우는
예술회관과
온갖 생명을 살리고
풍요롭게 하며
굽이쳐 흐르고 있는 남강과
선학산 전망대 아래
절벽이 병풍처럼 펼쳐진
아름다운 풍광을 바라보며
비추이는 빛을 따라
바람과 물결 따라
잔잔히 흐르는
음악의 선율 속에

여기 진주에 열린
"카시강"에서
식사하는 모든 이가
열방의 사람들이,
생명의 빛으로 오신
그분을 만남으로
어두움 물러가고
구원의 은혜가
평강과 기쁨,
사랑과 소망,
치유와 회복,
행복이 있으라!

향일암과 십자가

여수 돌산도 끝자락
향일암(向日庵)에는
십자가(十字架)가 있다
향일암이 세워지기 전에
삼성각(三聖閣)이 세워지기 전에
그분께서 십자가를
음각(陰刻)해 놓았다
홍수 심판을 드러내는
바위 군 한 켠에
십자가를 음각해 놓았다

그러나
이곳을 찾는 이들 중에
불상 앞에 경배하며
복을 구하는 이들에게는
십자가의 도가 보이지 않는다
이곳에서
떠오르는 해를 보며
복을 비는 이들에게는
그분께서 음각해 놓은
십자가(十字架)가 보이지 않는다

이곳에서
돌거북을 보며
장수의 복을 구하는 이들에게는
그분께서 음각해 놓은
십자가(十字架)가 보이지 않는다
이곳 삼성각 삼신에게
복을 비는 이들에게는
십자가(十字架)가 보이지 않는다

십자가(十字架)는
삼성각이 있기 전에
향일암이 세워지기 전에
그분께서
노아 홍수 사건을 통해
이곳에 구원의 십자가를
음각해 놓았다는
사실을 알지 못한 채
사람들은 불상 앞에
해와 거북과 삼신 앞에
생명과 복을 구한다
성경의 한 구절이 떠오른다

"십자가의 도가 멸망하는 자에게는
미련한 것이지만 구원을 얻는
우리들에게는 하나님의 능력이라"

아!
그분께서 십자가의 도를
노아 홍수사건을 통해
이곳에 음각해 놓았건만
사람들은 알지 못한다
십자가의 도가 구원의 길인데
십자가의 도가 생명의 길인데
십자가의 도가 진리의 길인데
사람들은 알지 못한다
사람들은 알지 못한다
사람들은 알지 못한다

오 주여
이곳에 들며 나는 사람들이
십자가를 발견하게 하소서
화목케 하는 십자가
치유케 하는 십자가

회복케 하는 십자가
원수된 것을 소멸하는 십자가
죄와 사망을 깨뜨리는 십자가
생명의 부활로 나아가는 십자가
승리케 하는 십자가

품게 하소서 십자가를
품게 하소서 길이 되신 그분을
품게 하소서 진리 되신 그분을
품게 하소서 생명 되신 그분을
품게 하소서 자유케 하시는 그분을
품게 하소서 부요케 하시는 그분을
품게 하소서
품게하소서
품게하소서

　　🌿 삼성각(三聖閣)은 칠성(七星)과 독성(獨醒)및 산신(山神)을 모신 제각
　　　향일암(向日庵) "해를 향한 암자"

설 명절에

설
명절 주간
번잡함을 피해
국가유공자로
믿음으로 살다가
부활의 소망을 안고
앞서가신 아버님의
묘소가 있는
산청
호국원에
다녀왔다

이제 곧 약속대로
다시 오실 주님을 생각하며
기도하는 마음으로 노래하며
나아간다
겨울 속에
노오란
산수유 꽃망울을 보니

봄이 오는 소리가 들린다

올해는 우리 형제들과 자녀들에게

이 땅에 살며 설 명절을 보내는

사랑하는 모든 이들에게

이제 곧 피어날

노오란 산수유 꽃망울처럼

행복의 꽃망울

믿음의 꽃망울

소망의 꽃망울

사랑의 꽃망울

말씀의 꽃망울

은혜의 꽃망울

전도의 꽃망울

건강의 꽃망울이

가득히 맺혀 활짝

피워내기를 그분께 간구한다

2부

혼자가 아니다

새해 첫날
칠순이 시작되는
새벽미명
만상이 잠들어 있을 때
나는 등로를 따라 홀로 걷는다

하이얀 눈을 즈려 밟고
조심스레이 홀로 걷는다
헤드 랜턴을 켜고
천왕봉을 향해
홀로 걷는다

그러나 혼자가 아니다
나와 함께 하시는 분이 계신다
알파와 오메가 되시는 분이요
전능자이신 그분이
나와 동행하신다

등로를 걷다 말고
어두움 속에서
그분이 하신 말씀이 생각나
등로 한 켠에 서서 읊조린다
"내가 길이요 진리요 생명이니"

나의 구원자요 생명이신 그분이
길이요 진리이신 그분이
나와 동행하시는 길이기에
나는 혼자 걷는 것이 아니다
나는 혼자가 아니다

중심 잡기

유월
사랑스런
손녀와 함께
경남 예술회관
남강둔치에서
손녀의 중심잡기

나는
그분 앞에서
중심 잡기를 잘하고
있는지 돌아본다
쉽지 않다
힘든다
기우뚱거린다
자꾸 넘어지려 한다

그래도
그분 안에서
중심을 잡고 걸어야지
땅의 소망 아닌
그분께서 주신
하늘 소망 가지고
걸어야지

수반(水盤)이 된 천왕봉

한여름
지리산 천왕봉 암괴는
거대한 바위로 된 수반(水盤)
그 위에 산오이풀로
꽃꽂이해 놓았다

하늘과 해
산과 구름이 배경이 되고
바람은 소리 내어
그분을 노래한다

수반에 담긴 산오이풀은
피어난 꽃과 풀잎으로
바람과 함께 춤추며 노래한다
나도 덩달아 춤추며
그분을 노래한다

바닷가 산책

칠월
한여름
진널해안
홀로 산책하다
해안으로 내려서니
주황색 바탕에
호피무늬로 채색된
참나리꽃 활짝 피어나
미소 띤 모습으로
나를 반긴다

파도
해안으로 밀려와
해벽바위 골짜기에 부딪히면서
흰 포말을 일으키며
흩어지는 소리가
정겹게 들려오고
어디선가
한 마리의 갈매기
날아든다

시인 박재삼의
'바닷가 산책'의
마지막 소절이 생각난다
"내 고향 바닷가 산책이여"
나는 어느새
날아든 갈매기와 함께
진널해안을
말씀과 기도의 날개
활짝 펴고 비상한다

은비 (grace rain)

오랜 가뭄
대지는 타들어 가고
초목들은 여기저기 불타고
식물들은 갈증에 시들어가고
동물들은 목마름에 헐떡이고
사람들도 애타게 애타게 기다리던
비 내린다

장인어른
이 비를 가리켜 돈비라 하고
아내는
이 비를 가리켜 복비라 하며
햇빛 동산지기는
이 비를 가리켜 꿀비라 하기에
나는
이 비를 가리켜 은비(greace rain)라 불러본다

일찍이
엘리야의 기도에
응답하여 내렸던 비

성도의 기도에 응답하여
오늘 여기 온누리에
내린다

메마른 대지 적시고
온갖 식물 살아나고
동식물들 해갈하고
농심 어심 도심을
촉촉이 적시니
이 어찌
하나님의 은혜의 비 아니리요

땅이여 기뻐하라
초목이여 노래하라
동물들아 기뻐 뛰놀라
사람들아 경배하라
백성들아 찬양하라
은비를 주신 하나님을
감사 감사 감사하라

봄이 오는 길목에서

봄이 오는 길목에
눈이 왔다
많은 눈이 왔다
새벽 기도를 마치고
목양실 창밖 내다보니
산과 나무들이
온통 눈옷을 입었다

중보기도 모임을 갔다
집으로 오다 말고
진양호 전망대에 올랐다
호반의 주변
감싸고 있는 산들
멀리 지리산까지
흰 눈옷을 입었다

문득
성경의 한 구절이 생각난다
"너희 죄가 주홍같을지라도

눈과 같이 희어질 것이요"(사 1:18)

주님의 고난을 생각하며

보내는 사순절 기간에

눈옷을 입은 산야와

나무들을 보면서

주홍 같은

나의 모든 죄를

십자가의 보혈로

깨끗케 하시고

눈과 같이 희게 해 주신 주님을

누구든지 나아와 자기 죄를 고백하고

회개하는 모든 자의 죄를 깨끗케 하시고

눈과 같이 희게 해 주시는 주님을 찬양한다

축시 (소원)

오늘 여기
생명이 움터오는 계절
엘레브(하나님의 마음)에서
하나님이 보내신
하나님의 사람 주례로
하나님께서 사랑하시는
백마 탄 충성과 진실의 왕자와
꽃가마 탄 영원한 은총의 공주
하나님의 섭리 속에 만나
사랑하는 사람들의 축복 속에
부부되게 하신 하나님께
감사! 감사! 감사합니다!

주여!
이들을 사용하소서
머리에 기름 부으소서
주를 아는 지혜와
지식으로 채우소서
하여 주의 뜻을 분별하며
살게 하소서

주여!
이들 두 사람의 눈을 열어주소서
현실을 바로 볼 수 있는 눈과
현실 넘어 믿음의 세계를
볼 수 있는 눈을 주소서
하여 현실 한 가운데서
믿음으로 거침없이
나아가게 하소서

주여!
이들 두 사람의 귀를 복되게 하소서
주의 음성을 듣는 민감한 귀가 되게 하시고
병든 영육의 탄식 소리를 듣는 귀가 되게 하소서
하여 이 땅에 고통당하는
수많은 심령들을 싸매고 위로하는
치료자가 되게 하소서

주여!
이들 부부의 가슴에 열정을 주소서
주를 사랑하는 열정과
이웃을 사랑하는 열정으로 채워주소서
하여 그 열정으로 예배하게 하시고
그 열정과 사랑으로 지체들과
이웃을 섬기게 하소서

주여!
이들 두 사람의 손을 복되게 하소서
주 앞에서는 기도와 찬양의 손 되게 하시고
세상에서는 사람을 치료하고 살리는
치유의 손이 되게 하소서
하여 오직 하나님께만
영광 돌리게 하소서

주여!
이들 두 사람의 발을 아름답게 하소서
찾아오는 환자의 발을 외면하지 않는 발
병든 자를 찾아가는 발 되게 하소서
하여 의술에 복음을 담아 섬기게 하소서

주여!
이들 두 사람에게 믿음의 복을 주소서
온전히 주를 신뢰하는 믿음의 복 주셔서
대대로 믿음의 계승을 이어가는
믿음의 명문 가정이 되게 하소서
하여 하나님이 주신 복을
이웃과 민족과 열방에까지
흘려보내는 축복의 통로가
되게 하소서

🍃 주후 2010년 3월 27일 큰아들 결혼식에서 아버지가

나, 담쟁이 꽃

만물이 소생하는 봄
휴전선 가까운
파주 수양관
DNA세미나 참석 중
둘째 날 휴식시간에
수양관 건너편 산
벼랑으로 다가갔다

누군가 만들어 놓은 계단
용기를 내어 오르다 말고
벼랑 한 켠을 바라보니
돌단풍 넝쿨
바위 틈새를 타고 올라가
틔운 잎새
여기저기 나 있고
그 사이 꽃대 하나 올라와
수십 송이의 흰 꽃
고고한 자태 드러내며
눈이 부시도록 함초롬히
피어있다

인적이 없는 곳
벼랑 중턱
보아주는 이 없어도
인고의 세월 보내며
봄이 되면 생명 있기에
어김없이 잎새 틔우고
꽃 피우는 돌단풍
넝쿨처럼

나 또한
예수 생명 가지고
벼랑 같은 이 땅
오직 진리의 말씀에
뿌리 박고
성령의 능력으로
바위 틈새로 타고 올라
생명의 잎새 틔우며
복음으로 소망의 꽃
부활의 꽃 피우리라

이 땅 여기서
아무도 알아주는 이 없어도
오직 그분만 기뻐하시면
오직 그분만 즐거워하시면
오직 그분의 임재 안에서
사랑받는다면
나 또한 그분으로 인하여
기뻐하리라
즐거워하리라
춤추며 노래하리라

태풍 속에 고요

호반 위
짙게 드리워진
구름 사이로
천둥 번개 치며
태풍 '말로'가
엄청난 비를 몰고 오는
소리가 들린다

쏟아져 내리는
빗줄기 사이로
한 마리의 백로
날아들고
그 아래 호반
내려다보니
잔잔한 물결은
태풍 속에
고요이어라

세상은

천둥 번개 치며

요란해도

태풍 '말로'처럼

환란의 비바람 몰고 와도

나는 한 마리의 백로처럼

사랑하는 님의 품으로

날아들 때

내 영혼은

님의 평강으로 가득 차

호반의 물결처럼

잔잔함이어라

그 잔잔함과 고요 속에

찬양하며 나아간다

마음으로 영으로

조용히 불러본다

나를 지으신 이가 하나님

나를 부르신 이가 하나님

나를 보내신 이도 하나님

나의 나 된 것은

다 하나님 은혜라

매봉산에 올라

이른 아침
곤돌라 타고
매봉산 정상에 오르니
운무 온산 드리우고
동편에 태양 힘있게 솟아
오른다

그 아래
그린필
그림처럼
펼쳐져 있고
몇몇 무리 지어
필드에 서 있다

하나님이 창조한
자연 동산
밤새
운무의 바다 이루고
시시각각
변화하는 모습 속에
정보화 시대를 본다

운무의 바다 사이로
점점이 솟아오른
산봉우리들
한눈에 들어오고
스크린의 영사막처럼
바뀌는 운무의 변화
선명히 본다

95회 총회가 열리는
3일째
한국교회를 이끌어가는
우리 교단 지도자들이 모여
진행되는 회의
처리되는 안건 속에
영적 민감성과 둔감성
순결성과 혼탁함을 본다

기도의 걸음으로
어제는 두릉산(595m)
오늘은 매봉산(580m) 정상에 올라
영적 민감성과 순결성을
잃지 않은 교단과 지도자
교회와 성도 되기를 소원하며
기도의 손 모은다

주여
모두가 깨어 있게 하소서
영적 높은 산에 올라
영적 운무 드리워진
이 시대를 보게 하소서

주여
모두가 깨어 말씀 보게 하소서
하여 이 시대를 향하신
주의 음성 듣게 하소서

주여
모두가 깨어 기도하게 하소서
성령의 능력받아
이 시대를 향하신
주의 뜻 행하게 하소서
이루게 하소서
에스라처럼

주여
우리 모두 깨어 전도하게 하소서
성령으로 기름 부으사
증인의 사명
감당하게 하소서!
베드로처럼

주여
우리 모두 깨어 섬기게 하소서
성령의 은사에 따라
주께서 주신 직분으로
각자 사역의 현장에서
충성하게 하소서
바울처럼

약속대로
다시 오실 주여
이 땅 여기
온 누리에
하나님의 영광으로
가득하게 하소서
가득하게 하소서
가득하게 하소서

늦가을

늦가을
돌집에 오니
황금빛 낙엽
돌바닥에
융단처럼 깔려 있고
진홍빛 단풍
석양에 더욱 붉게
빛을 발한다

나는 돌의자에 앉아
서산에 넘어가는 태양
바라본다
여기 봄에 잎새 틔우고
여름 지나 가을 되어
진홍빛으로 물든 단풍잎은
날 위해 흘리신
주님의 보혈 생각하게 하고
황금빛 낙엽은
주님이 날 위해
준비한 면류관
생각하게 하네

언젠가 주님 부르실 때
황금빛을 발하며
떨어진 낙엽처럼
주님 품에 안길 것을
생각하니 평강이
기쁨과 감격이
물밀듯 밀려온다
오 주님
감사! 감사! 감사합니다!

산길

가을의 끝자락
초겨울 늦은 오후
산길을 오른다
낙엽 쌓인 산길을 오른다
인적 없는 산길을 오른다
걸음을 뗄 때마다
바스락거리는 낙엽 소리
지저귀는 산새 소리
솔바람 소리
자연의 교향악이다

산길을 따라
떨어져 쌓인 낙엽
잎새의 역사를 본다
봄에 잎새 틔우고
여름 푸르름 더하다가
가을 낙엽 되어
떨어진 모습 속에
인간의 역사를 본다

어머니의 자궁을
터치고 나온 아기
청년이 되고
노년이 되어
생을 마감하는
모습을 본다
"역사는 시간과 공간에서
하나님의 뜻을 이루는
흔적이다"
서산에 해가 붉은 노을로
물들이며 지고 있다

나

올해에도
한결같은 걸음으로
거제 둔덕
한려수도가
내려다보이는
에스더 수양관에 왔다

어둠이 대지를
드리우는 한 켠
여인의 눈썹 같은
초승달 걸려 있고
초겨울 찬 바람
옷깃을 스친다

문득 청마(靑馬) 유치환 선생의
시 한 구절이 생각난다
"나란 나의 힘으로 생겨난 내가 아니다.
나란 나만으로서 있을 수 있는 내가 아니다.
나란 나만에 속한 내가 아니다."

그렇다
나란 부모를 통해 이 땅에 보내어진
창조자의 걸작품이다
나란 그분의 형상이
담겨있는 질그릇이다
나란 그분 안에 사는 나이다

내가 그분 안에
그분은 내 안에

백두산에 올라

진주를 떠나
사흘 만에 날으고 달려
백두산 천문봉에 오르니
뭉게구름 사이로
파아란 하늘 문 열리고
광활한 대지 그 한가운데
눈옷을 입고
우뚝 솟은 백두산
그 위로 비춰는 태양
천지를 감싸고 있는 열여섯 영봉들

그 아래 천지
눈 이불 융단처럼
깔려 있고
보이진 않지만
심연 깊은 곳에서
끓고 있는 용암
열려 있는 달문 사이로
천지물 옥수되어 떨어져
폭포를 이룬다

천지를 드리운 구름은 성령을
그 사이 파아란 하늘은 소망의 주님을
광활한 대지는 하늘 아버지의 품을
생각하게 하고
흰 눈옷을 입은 채 우뚝 솟은 백산은
변화산상의 주님을 생각하게 하며
그 위 천지를 환하게 비치는 해는
의에 태양 되시는 주님을 생각하게 한다

장군봉을 중심으로
천지를 감싸고 있는 열여섯 영봉들은
하나님의 영광을 드러내는
천군 천사들을
생각하게 하고
그 아래 천지물은 진리의 말씀인
생명수를 생각하게 하며
달문을 통해 포말을 일으키며
떨어지는 폭포수는
주님의 은혜를 생각하게 한다

그 아래 온천수는
얼었던 몸과 마음을 회복시키는
주님의 뜨거운 사랑을
생각하게 하고
내를 이루며 흘러가는 천지물은
강이 되어 이르는 곳마다
생명을 살리는
주님의 보혈을 생각하게 한다

주여!
아내와 함께
겨레의 숨결이 살아 숨 쉬는
백두산에 날으고 달려
오르게 하시니 감사합니다
예수를 믿음으로
의의 옷을 입게 하신
아바 아버지여!
나로 하여금
우뚝 솟은 백두산처럼
이 땅 한가운데

우뚝 서게 하소서!
하여 주의 복음을
사망의 그늘에서 신음하는
이 땅의 백성들에게 전하게 하소서

오 주여
온 천지와 온누리를
드리우고 있는 구름처럼
주의 성령으로 덮으시며
천지를 감싸고 있는 영봉들처럼
여기 함께한 동역자들과
이 땅의 백성들을
당신의 능력의 팔로
감싸 안으시며
보호하소서

오 나의 주여
두껍게 얼어 있는 천지
그 아래 끓고 있는
마그마처럼

여기 함께한 동역자 모두에게
주의 사랑으로 뜨거워지게 하소서
하여 주의 사랑과 열정으로
이 땅의 백성들을 녹여 주소서
주의 사랑으로 채워주소서
나를 주의 사랑으로 채워주소서

주의 사랑으로 채워 주소서 총신82 동문들에게
주의 사랑으로 채워 주소서 이 땅의 교회들에게
주의 사랑으로 채워주소서 열방의 교회들에게
주의 사랑으로 채워 주소서 남북한 한 민족에게
모든 민족에게까지
채워 주소서
주의 사랑을

채우소서

PDTS 훈련 중
점심 식사를 마치고
학교 산길을 따라
선학산 정상 오르니
진주시 전경이 한눈에 들어온다
눈을 들어 바라보니
멀리 서쪽으로 평거, 판문동이
아련히 보이고
북으로는 봉래, 수정, 옥봉동이
동으로는 하대, 상평, 금산 넘어
월아산이 보이고
굽이쳐 흐르는 남강 넘어
칠암, 가좌동이 보인다

시내를 조망하다 말고
가을 햇살 온몸으로 받으며
한쪽 의자에 앉았다
조용히 기도의 자리로 나아간다
주여! 이 진주도성과 서부경남에

역사하는 어둠의 세력을 묶어주시고

성령의 쓰나미로 죄와 어둠의 벽 제거하소서!

하여 하나님의 복으로 채우소서!

여기 당신의 교회와 자녀들을 통해 채우소서!

은혜로 빛으로, 진리로 소망으로 채워주소서!

사랑으로 선함으로 가정과

심령에 채우소서!

물이 바다를 덮음같이 주의영광으로

이 땅 여기 가득하게 하소서!

거미와 나

기다린다
찾아와 주기를
기다린다
자기 몸에서 나온 줄로
그물을 쳐 놓고
그 위에서 기다린다
먹이가 찾아와 주기를
거꾸로 매달린 채 기다린다
사망의 그물 위에서
몇 시간이고 기다린다
하루 이틀 오- 랜시간
기다림이 계속된다

그러나
나는 찾아간다
복음의 기쁜 소식을 가지고
사람을 찾아간다
구원의 기쁜 소식을 가지고
구도자를 찾아간다

자유케 하는 말씀을 가지고
사망의 그물에 걸려
신음하는 자를 찾아간다
생명의 말씀을 가지고
죽어가는 심령을 찾아간다
하늘 아버지의 마음을 가지고
오늘도 내일도 찾아간다
이 땅 삶 마치는 날까지
찾고 찾으리라

국화꽃

입추가 지나고 백로
가을의 문턱에 들어선 구월 첫 주
한 여인의 사랑을 담은 헌신으로
말씀이 선포되는 강단 양쪽
수반에 올려진 국화 화분

그 안에 뿌리내려
싹을 틔우고 자라
푸르름 잎새 속에
수백을 헤아리는 꽃봉오리 맺혀 있고
그중 몇 송이 고고한 자태 드러내며
수줍음 머금고 피어있다

오!
여기 강단에 올려진 노오란 국화꽃
푸르름 가득한 잎새 속에
송이송이 맺혀 피어나고 피어나는 모습
예배 가운데 나아온 성도들의 모습이어라

주님을 사랑하는 모습으로 피어나고
주께 기도하는 모습으로 피어나며
주께 찬양하는 모습으로 피어나고
주의 복음 전하는 모습으로 피어나리라

영혼의 닻

늦은 여름
통영 한 켠
바다가 내려다보이고
한국 문단의 거목
박경리 선생의 묘소가 있는
이곳 양지 펜션에
영혼의 닻을 그분께 내린
청년들과 함께
영성 수련회 차 왔다

간밤에 천둥 번개 치며
요란스레 내리던 비 그치고
이른 새벽
조용히 그분 앞에
무릎을 꿇을 때
고요함 속에 그분으로부터
오는 평강이
내 영혼을 감싸온다

아직 채 가시지 않은

어둠과 침묵이 흐르는 고요 속에서

사랑하는 그분께 나아간다

영혼의 닻을 그분께 내리고

소망 가운데 나아간다

땅의 것이 아닌 하늘에 소망을 두고 나아간다

이 땅의 권세, 명예, 물질, 쾌락, 그 어떤 것이 아닌

하늘에 소망을 두고 나아간다

썩어 없어질 이 땅의 것들에

소망을 두지 않고 썩지 아니하는

하늘의 것 바라보고 나아간다

지금은 가고 없는 박경리 선생

문학의 큰 족적과 무덤을 남기고 간 그는

어디에 영혼의 닻을 내렸을까

밝아오는 새벽

저 아래 해변 마을

어디선가

닭 울음소리가 들린다

꼭 끼 오!

부활

고난주간
햇빛 동산에 오니
매화꽃 향기 진동하고
봄소식 알리는
새 한 마리
지찌굴 지찌굴
노래하며 반기네

따스한 햇볕 비춰오는
돌의자에 앉아
하늘 쳐다보니
동산 나무 수 많은 가지
기도 손 되어
생명의 부활을
기다리네

이제 곧 저 가지들은
저마다 뿌리로부터
생명의 진액 공급받아
생명의 잎새를 터뜨리리라
긴 겨울 지나 봄이 온 지금

모든 생명 있는 것들은
생명의 부활로 나아오듯
언젠가 주님 다시 오실 때
예수 생명 있는 자
생명의 부활로
나아오리라

옹달샘

초겨울 오후
호곡산 중턱
옹달샘에 와서
샘물로 마른 목을 축이고
샘가 돌의자에 앉았다

저 멀리
한산섬 아련히
내려다보이고
바다는 햇빛에 반사되어
은빛 보석처럼 빛나고
그 위 흰 포말을 가르며
배들이 지나고
솔바람 소리
이름 모를 산새 소리 들리는
여기가 낙원 아닌가

주님!
여기 오염되지 않는
옹달샘 물처럼
서진주 강단에서
선포되는 말씀이
생명수가 되어
많은 사람을 살리게 하소서
기도 올린다

은행잎

만추!!
늦은 오후
햇빛 동산
찾아왔더니
밤새 떨어진 은행잎
지붕에도
돌담 언저리에도
돌의자에도
돌바닥에도
돌집 연못에도

온통 황금빛
은행잎으로
뒤덮여 있고
오후의 따스한 햇볕
온몸 비춰오고
찾아온 진객
사진 찍기에 열중하고
나는 책 속에 빠져든다

언젠가 나도
주님 부르실 때

여기 떨어진
은행잎처럼
황금빛을 발하며
주님 앞에 떨어져
온몸으로 영으로
경배하며 찬양하리

바위섬에 앉아

동양의 나폴리로
불리는 여기
통영 끝자락
이른 아침 숙소 아래
죽도라는 바위섬에 앉아
사랑하는 님의 이름을 불러본다

아침 해
힘차게 솟아오르고
점점이 떠 있는 섬들 사이로
고깃배 지나고
그 위 비상하듯
날아오르는 갈매기
바위에 부서지는 파도 소리
주님을 찬양하는
소리이어라

숲속의 노란꽃

여름이 오는 길목
목양실 창문 넘어 숲속
그 아래 산책길
사람들 오르내리고

매년 이맘때면
무덤 주위에
흰 나비 날아오르고
무수히 피어난 이름 모를 노란 꽃

바람결 따라
흔들리는 가녀린 몸으로
서로 어우러져
창조주 하나님을 찬양한다

언젠가 이 땅 삶 마치고
주님 재림해 오실 때
저 나비처럼, 꽃과 같이
부활의 몸으로 피어나
구원의 주님을 영원히 찬양하리!

뚝방 위

한적한 산중
뚝방 위
둥근달 저 멀리
허공에 떠 있고
간간이
차창 너머로
하루살이 벌레들
서로 부딪고
어둠 저편
넓은 저수지
가득한 물 안고

가로등
불빛 아래
책 속
은혜의 저수지
사랑하는 님을 만나니
여기가 천국 아닌가

진양호 전망대

한여름
월요일 늦은 오후
진양호 전망대에 오르니
호반과 산
물안개 피어오르고

서늘한 바람 불어올 때
까치 한 마리
난간에 살포시 앉아
노래한다

나는 돌의자에 앉아
책 속에 빠져든다

그때 먹구름 속에
얼굴을 내미는 태양
찬란한 빛으로 비춰온다
물안개 피어오르는
호반과 산과 나에게

낙조

늦은 오후
교회를 출발하여
이곳에 왔다
진양호반이 내려다보이는 이곳
수면에서 까마득한 벼랑 위
십이지장처럼 벼랑 사이로 나 있는 오솔길
가장자리에 조심스레 앉았다

그리고 조용히 기도의 자리로 나아갈 때
아가서의 한 구절이 떠오른다
"나의 사랑 나의 어여쁜 자야 일어나서 함께 가자
바위틈 낭떠러지 은밀한 곳에 있는 나의 비둘기야
나로 네 얼굴을 보게 하라
네 소리를 듣게 하라
네 소리는 부드럽고 네 얼굴은 아름답구나."
나는 어느새 바위틈 낭떠러지 은밀한 곳에 있는
주님의 비둘기가 된다

화사한 햇빛 온몸 비춰오고

햇빛에 반사된 호수

은빛으로 반짝이고

드넓은 호수면을 감싸 안은 산들

이름 모를 산새들 소리

솔바람 소리는

하나님을 찬양하는 소리이어라

진홍빛 진달래

고난주간에
최악의 황사 지난 뒤
월요일 오후
집현산 오르니
벚꽃 만개하여 반기고
구름 한 점 없는 맑은 하늘
그 아래
우거진 소나무
산길 따라 오를 때
솔바람 소리 들리고
소나무 아래
만개한 진달래
나를 반긴다

그중
유난히 진홍빛으로
피어난 진달래
한 움큼 따서
입에 넣을 때

주님 음성 들려온다
이것은 너를 위한 내 피니
이것은 너를 위한 내 몸이니
주님 감사합니다
진달래 꽃잎을 입에 넣은 채
조용히 기도의 무릎을 꿇었다

하늘길 열리고

고난주간에
한결같은 걸음으로
햇빛 동산에
올라왔다

날 위해
죄인 위해
고난 당하신
주님을 생각하며
집현산을
오르고 둘러
동산 한 켠
돌의자에 앉아
하늘 올려다본다

올해도
어김없이
부활의 생명으로
움트고 피어나는

연록색 잎새 사이로
파아란 하늘길 열리고
내 마음은 어느새
주님과 함께
그 길을 걷는다

그 길은 십자가의 길
그 길은 부활의 길
그 길은 생명의 길
그 길은 소망의 길
그 길은 구원의 길
그 길은 진리의 길
그 길은 우리 모두가
걸어가야 할 복된 길이다

25년 후에

총신과 교단의 대선배
팔십삼 세의 백발 노옹
성령의 기름 부으심과
영성이 살아 숨 쉬며
십자가의 피 묻은 복음이 선포되는
청계산 기도원 강단에 앉아
커다란 돋보기 렌즈를 들고
보물을 찾듯
말씀을 찾아
전심으로 전하는 모습은
참으로 아름답고 감동적이다

마치
1세기 말
사도 요한이
구십이 넘는 노구를 끌고
에베소 강단에 앉아
"서로 사랑하라"는 말씀을 전했을 때
온 회중 모두가 감동하며, 감격했다는
어느 사가史家의 말을
생각하게 한다

나 또한
이십오 년 후에
선배의 나이가 될 터인데
나는 어떤 모습일까
주께서 허락하시면
나도 저렇게
백발이 성성한 모습으로
언제 어느 곳에서든
예수는 그리스도이심을
전하는 자이고 싶다

벌과 나

초여름 오후
햇빛 동산에 올라와
동산 한 켠 돌의자에 앉아
책을 읽다 말고 갈증을 느껴
생수가 흐르고 있는
동산 연못을 향한다
생수로
목을 축이고 있을 때
벌 한 마리 날아와
연못 주변을 돌다가 빠져
허우적거리는 것을
내려다본다

벌
허우적거리다
온 힘을 다해
날갯짓해 보지만
날갯짓을 빠르게 하면 할수록
물의 파장만 일어나고
벌은 그 자리에 뱅그르
돌기만 한다

반복되는 날개짓
하면 할수록
벌은 연못 중앙으로
들어간다

벌
이제는 지쳐 탈진해
삶을 포기한 것 같은 모습이다
보다 못한 나는
나무 막대기를 가지고
가장자리로 나오게 한 후
나뭇잎으로 벌을 건져내어
연못 뚝에 올려놓는다
기진한 채
다리만 파르르 떨고 있는
벌을 한참 지켜보다
연못을 떠났다

산책하고 돌아오니
벌은 날아가고 없다
지금쯤 우거진 녹음 사이로
생명의 열매를 맺을 꽃을 찾아
마음껏 자유롭게 날고 있을
벌을 생각하니 마음이 즐거워진다

벌
꿀을 따기 위해 꽃을 찾아가지만
꽃에게 상처를 남기지 않고
오히려 꽃으로 하여금
열매를 맺도록 도와준다
사람도 이와같이 벌처럼
서로에게 자기가 필요한 것을 취하면서
상처를 남기지 않고
이웃으로 하여금
인생의 아름다운 열매를 맺도록
살아가면 얼마나 좋을까?
생각하며 돌의자에 앉아
책을 펴다 말고
하늘 올려다본다

문득
연못에 빠져
허우적거리는
벌의 모습 속에
나를 본다
35년 전 세상의 바다에 빠져
허우적거리며
내 힘으로 살아보려고
애쓰고 애쓰다 지쳐 있을 때

그분께서 찾아오셨고
나를 십자가로 건져주셨다
이후 나는
그분으로 인하여
자유의 몸으로
이 땅을 소망 가운데서
생명의 열매를 맺을
인생의 꽃을 찾아
그분의 증인 되어
날고 있다
그분이 약속대로 오실 때까지
탐스런 생명의 열매를 맺을 꽃을 찾아
날고 날으리라

3부

한 해의 끝자락에서

선지자들을 통해
예언한 약속대로 마침내 오신
하나님의 독생자 예수 그리스도
우리의 구원자로, 목자로 오셨다
이 땅에 오셔서 그 약속 이루며 사셨고
이제 약속을 완성하시기 위해
다시 오실 예수님

이미 이루어진 약속과
이루어질 약속 사이에
살고 있는 우리
삶의 여정에서
실망하거나 포기하지 말고
성령의 도우심을 힘입어
주님 오실 날 기다리며

충성과 진실함으로
주를 섬기며
진리 안에서
서로 사랑하며
예수는 그리스도이심을 힘써 전하며
또 하나의 끝을 아름답게 매듭지으며
주께서 허락하실 새해를 기다린다

조화

진양호반 상류
호반가 한 그루 고목
죽어서도 주변의 모든 것들과
조화를 이루며
자기를 드러낸다

눈 내리는 겨울에는
설경을 연출해 내고
생명이 움터오는 봄에는
온갖 새싹들이 땅과 가지에서
돋아나 조화를 이루고
여름에는 물과 숲
호반의 운무와 어우러져
하나가 되고
청명한 가을에는
코스모스와 어우러져
한폭의 그림이 된다

문득 성경 속에 소개되는
믿음의 영웅들이 클로즈업되어
나에게로 다가온다
죽어서도 믿음으로 말하는 이들
지금 여기 믿음으로 살아가는
모든 자와 어우러져
조화를 드러낸다

나도 언젠가
이 땅 삶 마감하고
죽었을 때
코스모스와 절묘한 조화를 이루며
한 폭의 아름다운 그림을 연출해 내는
저 호반의 고목과 같이
믿음의 후세대 사람들에게
죽었으나 여전히 믿음으로 말하며
그들과 조화를 이루며
그분의 뜻을 드러낼 수 있기를

천국의 물류창고

천국의 물류창고 점장은
값진 보화를 발견한 자요
값진 진주를 만난 자이다
천국의 물류창고 점장은
예수그리스도를 아는 자요
예수 그리스도의 장성한 분량에까지
자라가는 자이다

천국의 물류창고 점장은
옛 삶이 변하여 새사람이 된 자요
세상을 복음으로 변화시키는 자이다
천국의 물류창고 점장은
말씀을 듣고 깨달은 자요
순종하여 지키므로 열매 맺는 자이다

천국의 물류창고 점장은
옛것과 새것을 구하는 자에게
풍성히 공급하는 자이다

소석원 돌의자

임진 전란에
집현산 돌들
김시민 장군과 진주성민 도우러 가다
왜군에게 함락됐다는 소식 듣고
울며 돌아왔다 하여
"명석"이라 불리게 된
이야기가 전해오는
집현산자락 한 켠
돌집으로 불리는
소석원이 있다

사십 년 전
집현산 중턱
무너져 내린 폐허 위 잡초 속에
뒹굴고 있는 수많은 크고 작은 돌들
한 나그네의 손길에
돌집 만들어지고
돌집 앞 좌우로
박석 융단 되어 깔리고

실루엣처럼 둘러쳐진 돌 담장
밖으로는 성곽의 모습으로
안으로는 돌의자로 단장된
소석원

그 돌의자 중
하나
등받이 돌에
언제부터인가
돌이끼
인고의 세월
지나는 동안
꽃이 되어 피어나고
꽃으로 수놓은
아름다운 돌의자 되었다
칼바람 부는 겨울
문명의 이기와 세속을 떠나
분주함과 일상을 내려놓고
사람들을 뒤로한 채
한결같은 걸음으로
햇빛 동산을 오른다
동산지기의 반김 속에

나는
소석원 한 켠
돌의자에 앉아
그분의 사랑
그분의 임재를 느끼며
묵상하다 말고
고개를 들어
하늘 올려다본다

말씀의 우물을 파게 하소서

갑바도기아 한 켠
"깊은 우물"이란 뜻을 가진
지하도시 "데린 구유"
1세기 중엽 이후
믿음의 선배들
제국의 핍박 피해
땅을 파기 시작했다
흙이 나오고
바위가 나왔다
사암으로 형성된 바위를
파고 깨고 뚫으며
파 내려갔다
오직 한 가지 이유
신앙을 지키기 위해

제국의 핍박
가중될수록
더 깊이
더 넓게
파 들어갔다

지하 1층, 2층, 20층까지
그 깊이 무려 80m
그곳에 둥지를 틀고
살기 시작했다
가정을 이루고
자녀를 낳고
믿음으로 양육하며
신앙의 계승을
이어갔다

일용할 양식
있으매
족한 줄 알며
한두 평 공간에
서로의 살 부대끼며
인고의 세월 살아냈다
오직 한 가지 이유
신앙을 지키기 위해

그들의
하루일과는
기도였고
말씀을 읽고,

듣고, 배우며
가르치고 지켜
행하는 일이었으며,
바위를 쪼아 좌우로,
아래로 파 내려가는
일이었다
오직 한가지 이유
신앙을 지키기 위해

깊이 파 내려갈수록
어둠은 더해 갔지만
그들은
두려워하지 않았으며,
절망하지 않고
좌절하지 않았으며
포기하지 않고
더 넓게, 더 깊이
우물을 중심으로
파 내려갔다
오직 한가지 이유
신앙을 지키기 위해

지하 8층에
자리한 교회
그곳에는
진리의 빛을
환히 밝히고 있었고
생수의 근원되신 주께서
그들과 함께하고 있었으며
생명의 양식되신 주께서
그들의 필요를
채워주셨다

온갖 어려움 속에서도
그들은
주님 한 분만으로
만족했고 기뻐했으며
행복해했다
그들은
양과 염소의 가죽을 입고
유리하면서도
궁핍과 환란과 학대를
받는 가운데서도
광야와 산과 동굴
토굴에 살면서도
믿음으로 살아냈다

믿음의 선배들이

살다간

이곳

나 또한

그들처럼

지하 8층까지

기어서 내려갔다

올라오면서

바위를 쪼아 판 흔적이

고스란히 남아 있으매

그들이 숨 쉬며 마셨던 공기

그들이 기어서 오르내렸던

토굴 속에

남겨져 있는 그들의 체취를

온몸으로 느끼며

내 마음과 영혼은

진한 감동으로

전율하며 무릎을

꿇었다

오! 주님!

1세기 중엽

그 이후

수백 년
제국의 핍박 속에
여기 살았던
믿음의 선배들처럼
나로 하여금
21세기를 살면서
세상의 문화와 온갖 것으로
공격하는 어둠의 세력으로부터
믿음을 지키게 하소서
성령의 도우심 입고
말씀의 우물을 파게 하소서
더 넓게 파게 하소서
말씀의 우물을
더 깊이 파게 하소서
더 깊이

듣게 하소서
주의 음성을
깨닫게 하소서
주의 말씀을
느끼게 하소서
주님의 사랑을
맛보게 하소서

생명의 말씀을
경험하게 하소서
생수의 근원 되신 주님을
더 풍성히 경험하게 하소서
더 풍성히
더 풍성히

하여
주님 한 분만으로
만족하게 하소서
즐거워하게 하소서
기뻐하게 하소서
십자가와 부활의 증인으로
살게 하소서
주님은 나에게 "데린구유"입니다
주님은 나에게 "깊은 우물"입니다
주님은 나에게 "생수의 근원"입니다

🍃 바울 선교지 탐방 중 갑바도기아 지하도시 "데린구유"
지하 8층, 예배당과 학교로 사용된 곳에서(2015. 4. 23.)

평강을 누리려면

백화점에 가서
내가 원하는 것을 사기 위해
문을 열고 들어가듯
인터넷 쇼핑몰에
내가 필요로 하는 물건을
사기 위해 검색하듯
시장으로 가서
내가 필요로 하는
생필품 찾고 구하여 사듯
학교에서 지식을 배우고
찾고 연구하고 습득하듯

하나님의 복과
평강을 누리려면
말씀의 백화점으로 들어가야 하며
진리의 쇼핑몰에 들어가
검색하여 찾고 찾아야 하며
생명의 시장으로 가서
생명의 양식을

구하여 사야 하며

말씀의 학교에 가서

보배를 찾고 찾아

그분에게 구하며

그분에게 배우며

깨달아 행하며

그분과 함께 교제하며

그분과 함께 살아내야 한다

거미와 십자가

햇빛 동산
돌의자 한 켠
거미 한 마리
떨어지는 낙엽
걸어 놓고,
온몸으로
흰 실 뽑아
십자가 만들어
그 중심에
손 발 사방으로 뻗어
몇 시간째
꼼짝 않고 있다

책을 읽다 말고
유심히 관찰하는 나에게
박 목사!
나는 온몸으로
십자가를 수 놓아
붙들고 있는데
당신은 무얼 붙들고 있는가

문득 성경의 한 구절이 생각난다

"십자가의 도가 멸망하는 자들에게는 미련한 것이요

구원을 받는 우리에게는 하나님의 능력이라"(고전1:18)

온몸으로 십자가를 만들어

나를

한국교회를

일깨우는 십자가 거미

광야에 외치는 소리다!

그분과 함께

새해

떠오르는 해와 함께

삶의 길 열리고

결심 다잡고

진리의 띠 매고

의에 흉배 붙이고

복음의 신 신고

믿음의 방패 들고

구원의 투구 쓰고

성령의 검 차고

한 번도

가보지

않은 여정

그분의 모양과

그분의 형상을 회복한 자로서

그분을 반영하며

그분과 함께 가보는 거다

그리고 직면하는 거다

나는 문제이고

그분은 해결사임을

나는 약함이고

그분은 강함임을

나는 가난이고

그분은 부요함임을

나는 그릇이고

그분은 보배임을

나는 결핍이고

그분은 완전임을

나는 미련이고

그분은 지혜임을

나는 미적거림이고

그분은 확신임을

나는 절망이고

그분은 소망임을

나는 넘어짐이며

그분은 세우시는 분임을 알기에

그분과 함께 손잡고

가보는 거다

그리고

찾는 거다

땅의 것을 찾지 않고

위의 것을 찾으며,

땅의 보화에 마음을 두지 않고

하늘 보화에 마음을 두며,

말씀과 기도의 두 날개

활짝 펴고 날아보는 거다

성령의 바람을 타고

오직 내 사랑하고

사모하는 그분과 함께

날아보는 거다

그분과 함께

그분과 함께

그분과 함께

동백

거제 둔덕
한려수도가
내려다보이는
에스더 수양관
한 켠에 심겨진 동백
불어오는 매서운 북풍
온몸으로 맞으며
이른 봄
푸르른 잎새 사이
빠알간 핏빛
꽃봉오리 맺어
피어나는 붉은 동백

나는
어느 틈엔가
한 마리의 벌새가 되어
빠알간 꽃잎 속
하이얀 꽃대 끝
노오란 꽃술 위에
사뿐히 내려앉는다
문득 그분의 말씀이
생각난다

"받아먹어라
이것은 내 몸이니라.
받아마시라
이는 너희를 위하여 흘리는
나의 피니라"

말씀대로
십자가 위에서
흘린 어린양의 보혈은
날 위해 흘린 사랑이어라
나 이제
그분의 십자가 사랑으로
죄와 사망의 결박을 끊고
진리의 빛
온몸으로 받으며
부활의 꽃으로
어둠 속에서
성령의 도우심을
힘입어 피어나고
피어나리라

가을이면

가을이면
하늘은 천의 얼굴을
가지고 다가온다
그분의 창조의 섭리에 따라
다양한 모습을 연출해낸다
그러나 사람들은
하늘의 아름다움을 노래하지만
정작 하늘을 창조하신 그분을
알지 못한다

가을이면
산야의 나무들은
색동옷으로 갈아입는다
그분의 창조의 섭리에 따라
잎새에 자신만의 독특한 색깔을 내며
아름답게 물들어간다
그러나 사람들은
정작 나무를 만드시고
단풍을 아름답게 물들이는
그분을 알지 못한다

가을이면

땅은 온갖 산물을 낸다

그분의 섭리에 따라

뿌려진 씨앗

심겨진 과수들은

농부의 수고의 손길을 거쳐

뿌리와 잎새를 내며

열매를 풍성히 안겨준다

그러나 사람들은

정작 땅에 심겨진 산물이

싹을 틔우고 뿌리를 내며 자라

열매를 맺게 하시는

그분을 알지 못한다

말씀 앞에

인생 여정에
말씀에서 멀어지면
말씀이 사라지면
헛된 말
헛된 생각
헛된 욕심
헛된 꿈만
많아지고
내 만족
내 느낌
내 필요만
구하게 된다

인생 여정에
그분과의 내밀한
교제가 없으면
내 삶에
그분이 부재하시면
수고와 애씀
노력과 흘리는 땀
허사가 되고

애써 모은 금은보화
재앙이 되며
권세는 독이 되고
지식은
괴로움이 되며
지혜는 번뇌가 된다

그래서
오늘 여기
한 해가 저물어가는 길목
청계산 기도원에 올라와
지난 한 해를 돌아보며
그분께서 허락하신
다가올 새해를
믿음의 눈으로 내다보며
있는 모습 그대로
그분 앞에 나아가
조용히 무릎을 꿇는다
그분께서 말씀해오실 때
깨닫는 대로 살아내리라
다짐하며 귀를 쫑긋 세워
그분의 말씀 앞에 머문다
그분의 말씀 앞에

하늘 캔버스

하루를 여는 아침
온 누리에
햇살 비춰오고
그분께서
하늘 캔버스에
바람 붓으로
흰 구름 물감 찍어
그리고 있는
풍경화 그림

소석원의 밤

한겨울
집현산 한 켠
소석원의 밤은 깊어가고
별빛과 달빛
나뭇가지 사이로
쏟아져 내리고
동산 연못에
파이프를 타고
떨어지는 물소리에
장단 맞추어
바람 소리
귓전에 들려올 때

나는
언제나처럼
조용히 무릎을 꿇고
그분께로 나아간다

주여!
나의 내면에
드리워진 어두움
말씀의 빛 비추어
온전히 몰아내소서

일몰

인간의 출생이
모든 사람에게
희망과 기대를
주는 일출을
생각하게 하고

온 누리를
아름답게 물들이며
넘어가는 일몰은
생의 마지막을
생각하게 한다

언젠가 내 인생의 구간
마칠 때 온 누리를
아름답게 물들이며
흔연히 그분께로 가면
얼마나 좋을까

상수리나무 아래에서

고난주간
집현산 중턱
상수리나무 아래에서
그분을 묵상하다 말고
눈을 들어 멀리 바라보니
지리산 천왕봉이
아스라이 보이고

지척에는
쓰러진 고목
그분의 섭리 따라
흙으로 돌아가는 중이고

살아 있는 나무의 자궁 속에
씨앗 떨어져 싹을 틔워
자라나 잎새 터뜨린다
가까이 이름 모를 꽃
낙엽 사이를
비집고 올라와
나를 향해
방긋이 웃는다

나 또한
그분의 십자가
사랑으로
생명의 싹틔워 자라
부활의 꽃으로 피어나
그분의 보좌 앞으로 나아가
"구원하심이 보좌에 앉으신
우리 하나님과 어린양에게
있도다."(계 7:10)
전심으로 외쳐
그분을 찬양하며
경배하리라

진리의 길

인생의 길에서
세속의 길
우상의 길에서 돌이켜
오직 진리의 길로
갈 것을 말씀해오시는
그분의 음성이 들린다

그 길은 구원의 길이요
생명의 길이며
그 길은 기쁨의 길이요
즐거움의 길이며
그 길은 십자가의 길이요
영광의 길이다

지리산 주목(朱木)

지리산 천왕봉
오르는 등로 한 켠
살아서 천년
죽어서 천년을 산다는
주목(朱木)한 그루
클로즈업되어
눈에 들어온다

천왕봉 오르는 발길
잠깐 멈추고
가까이 다가가니
두 아름 넉넉한 크기
범접할 수 없는 기상
고고한 아름다움
살아 있으면서도
깊은 속살을
드러내고 있는
주목(朱木)을 보니
왠지 마음이
아려온다

천년의 세월

흐르는 동안

추위와 더위

세찬 바람과 폭풍우

가뭄과 병해를 견뎌내며

그분이 허락한 곳에서

자기 위치를 지키며

주변에 그 무엇과

비교하지 않으며

인고의 세월

살아오면서

자기 위치를 떠나

그분과 비기려는

루시퍼와 그를

따르는 자들을

온몸으로

꾸짖는

주목(朱木)

침묵 속에

기도의 걸음으로

땀을 흘리며 거친 숨 몰아쉬며

천왕봉을 오르는 나를

반긴다

그분의

섭리 가운데

씨앗 떨어져

뿌리 내리고 자라

수많은 세월 흘러 이제

생명과 죽음을 안고

살아온 주목(朱木)

언젠가

생명 다하는 날

"너는 흙이니 흙으로

돌아갈 것이니라"

그분의 음성이 들리는 것 같다

2017. 5. 30. (새재에서~치밭목 산장~천왕봉을 진주 교회를 섬긴 지 25년 만에 등반하면서)

너는 행복자

성부 하나님께서
나의 구원을 계획하시고
성자 하나님께서
계획하신 구원을 십자가로 이루시며
성령 하나님께서
십자가로 이루신 구원을
나로 알게 하시고 믿게 하셔서
구원의 여정을 걸어가게 하시니
행복하다

지근거리에서 구십을 바라보는
아버지와 어머니께서
나를 통해 예수 믿어
구원의 여정을 걸어가는 모습을 보니 행복하며
혈육의 동생들과 자녀들 나를 통해 예수 믿어
구원의 여정을 걸어가는 모습을 보니 행복하고
서진주 믿음의 지체들과 함께 하며
말씀과 기도로 섬길 수 있어 행복하다

두 자녀
믿음의 가정 이루어
멀리서, 가까이서
구원의 여정을 걸어가는 모습을 보니 행복하고
손주들이 믿음의 계승을 이어 가니 행복하며
인생의 동반자인 아내가 함께
믿음의 여정을 걸어가니 행복하고
나로 하여금 21세기 권서인의 삶을
살아가게 하시니 행복하다
용상아! 너는 행복자로다

본향으로 가시는
아버님을 환송하며

곱게 물든
가을 단풍
한잎 두잎 바람에 날려
떨어지는 늦은 가을
추수의 계절에
팔십구 년의 나그네 여정에
하나님이 부르시매
영원한 본향
천국으로 가셨다

하나님이 허락하신
89년의 생애 가운데서
하나님의 형상과 모양을
잃어버린 채 57년간
하나님 없이 살아오다가
아들을 통해 복음을 듣고
예수 믿어 구원받아
32년간 믿음으로
부활의 소망을 가지고 살다가
흔연히 가셨다

영원한 본향 천국으로
이사 가시는 아버님을
어머니와 형제들이
성도들과 지인들이
함께 환송하며
슬픈 가운데서도
감사와 위로가 됨은
아버님이 예수 믿어
구원받았기 때문이요
하나님의 자녀되었기 때문이요
하나님 나라 유업을 받았기 때문이요
영원한 부활 소망을 가졌기 때문이요

그곳에는 눈물도 없고
애통도 없으며
슬픔도 없으며
아픈 것도 없으며
염려도 걱정도 없으며
보좌에 앉으신 그분 앞에서
천군 천사들과 함께

오직 기쁨과 감사와
찬양과 경배를 드리기
때문이요

이 땅에 남은
어머니와 5남매와 자부들
손자, 손녀, 증손들 예수 믿어
하늘의 소망을 가지고
믿음의 계승을 이어가니
감사! 감사! 감사!

　　🪶 아버님이 하나님의 부름을 받아 천국으로 이사가실 때
　　아버님을 환송하면서(2017. 11. 16.)

기도의 처소를 찾아

무등산 자락 한 켠
헐몬 수양관
아침 햇살 비춰오는
오솔길을 따라
떨어진 낙엽 밟으며
골짜기로 들어간다

들려오는 기도 소리
지저귀는 산새 소리
떨어지는 낙엽 소리
스치는 바람 소리
들으며 더 깊이
들어간다

골짜기를 따라
나 있는 오솔길
개울을 건너기를
몇 번인가 반복하면서
기도처소를 찾아 들어간다

사람의 발길이
잘 닿지 않는 곳
고사목 군상들이
여기저기 쓰러져
분해되어 흙으로
돌아가고 있는
지대를 지나니

골짜기 한 켠
바위가 눈에 들어와
그곳을 향했다
바위에 낙엽을 깔고
조용히 무릎을 꿇었다
주님의 이름을 부르며
기도의 자리로
나아간다

바람 소리
낙엽 떨어지는 소리
이름 모를 산새들의 소리
개울에서 은은히 흐르는 물소리
그분을 노래하는 듯 들려온다
나도 그분을 노래하기
시작한다

주께 가까이
날 이끄소서!
간절히 주님을 원합니다
채워주소서!
주의 사랑을
목마른 나의 영혼
주를 부르니
나의 맘 만져주소서!
주님만을 원합니다
더 원합니다
나의 맘 만져주소서!

그분을 노래하는
나에게 주님은
평강으로 찾아오셨다
내가 너를 사랑한다고
내가 너를 기뻐한다고
어느 틈엔가 내 눈에는
눈물이 두 빰을 흘러내린다
주님 사랑합니다
주님 사랑합니다

제비꽃

고난주간에
햇빛 동산에 오르니
여기저기 돌과
나무 틈 사이로
수줍음을 머금고
보랏빛 제비꽃
흰 제비꽃이
활짝 피어
나를 반긴다

언제나처럼
나는 돌의자에
앉아 책을
읽다 말고
앞을 보니
제비꽃이 시야에
들어온다

유심히
바라보고 있을 때
보라색 제비꽃은
주께서
날 위해 흘리신
보혈을 생각게 하고
흰 제비꽃은
주님의 부활을
생각하게 한다

여기
동산에 오는
모든 이가
보랏빛 제비꽃에서
주님의 고난을
흰 제비꽃에서
주님의 부활을 생각하면
얼마나 좋을까

옹달샘 가는 길

춘계 심방을 앞두고
거제 둔덕에 있는
에스더 수양관에 머물며
말씀과 기도로 준비하다
일어나 늦은 오후
오솔길을 따라
호곡산 옹달샘을
향한다

오솔길 따라 올라가는
좌우에 이름 모를 야생화가
예쁘게 피어 나를 반긴다
오솔길을 따라 삼십여 분 걸려
옹달샘에 도착하니
산새 소리와 바람 소리만
이따금 들린다

옹달샘물을 병에 담아
단숨에 벌컥벌컥 마시니
생수의 맛이
얼마나 좋고 시원한지

옹달샘 한 켠에
앉아 멀리 바라보니
한려수도가 한 폭의 그림처럼
파노라마로 펼쳐진다

얼마간 그렇게 머물며
옹달샘 옆에서
생수의 근원되시는
그분을 생각하며
그분과 교제의 시간을
가지는 호사를 누리는
은혜를 입었다
은혜, 은혜로다

생수를 채워
내려오는 길에
산새들의 지저귐 소리
솔바람 소리
주님의 보혈을
생각하게 하는 동백꽃
어둠 속에 빛나는 십자가
나를 위한 주님의 사랑이어라
서진주 공동체를 위한 은총이어라
만민을 향한 그분의 사랑이어라

엔텔로프 캐년 속의 십자가

정오의
강렬한 선샤인(Sun shine)
엔텔로프 협곡 속 한 켠에 있는
나에게 비춰어 오고
빛이 스며드는 곳마다
모래 사암으로 된 협곡을
붉게 물들인다

붉게 물들인
협곡 사이 공간을 따라
위를 치어다 보니
십자가 or 비둘기 형태의
공간 사이로
햇살 가득 쏟아져
들어온다

쏟아져 들어온
그 햇빛은 협곡과 나에게
온통 붉은 옷으로 입힌다

나의 온몸만 아니라

나의 얼굴까지도

붉은 빛으로

감싸 안는다

오!

그것은 나를 위한

십자가 싸인(Sign)이다

그것은 나를 비치는

비둘기 같은

성령의 빛이다

나는 그 빛으로 나아간다

    🖋 큰 아들 내외의 배려로 미국여행 중
       엔텔로프 캐년협곡을 지나는 가운데 (2018. 6. 13.)

삼위일체봉

사람들은
지리산 청학동
뒷산 세 봉우리를 가리켜
삼신봉이라 부르지만
나는 오직 한 분이신
유일하신 창조자
그분을 생각게 하는
"삼위일체봉"이라 부르리라

사람들 중에는
병풍처럼 청학동을
둘러싸고 있는 뒷산 세 봉우리를
우상시하여 신으로 섬기고 있지만
나는 우주와 지구와
모든 만물을 창조하신
그분을 생각케하는
"삼위일체봉"이라 부르리라

사람들 중에는

삼신봉 아래 공동체를 이루고 있는

청학동을 가리켜 도인촌이라 하지만

나는 구원을 계획하신 성부 하나님

십자가로 구원을 이루신 성자 하나님

각인에게 예수를 믿게 하시는 성령 하나님을

"믿는 무리의 공동체"를 생각게 하기에

"삼위일체봉"이라 부르리라

양탕국 사람들

구한말
혼란한 역사의
틈새 비집고
이 땅의 차 문화 속에
선교사들과 함께 들어와
양탕국(서양탕국)이란 이름으로
저잣거리에서
뿌리내린 커피문화
고종황제와 궁중에서
즐겨 마시던 양탕국

오랜 세월
잊혀 있다가
그분께서 보내셔서
이 땅 나그네 길 걷는
한 부부에 의해
백두대간 뻗어내린
지리산 구재봉
끝자락 한 켠에

양탕국 문화마을이
들어섰으니

학이 제 둥지를 찾아들듯
이 땅에 뿌리내린
커피의 옛 이름 양탕국을 찾아
들며 나는 이들에게
커피문화의 뿌리를 알리는
양탕국 사람들이 여기 모여
생명의 말씀을 배우고
깨달아 살며 전하기 위해
모인 권서인들에게
복이 있으라

🍃 양탕국 대표 홍 목사 부부를 비롯 5명이
　"어? 성경이 읽어지네! 성경방(신,구약)을 수료하면서

얼마나 좋을까

새해 들어
노회 신년하례
예배를 마치고
자동차로 내달려
햇빛 동산을 오른다
겨울바람이 차갑지만
하늘은 구름 한 점 없이 맑다
동산 연못에 떨어지는
물소리를 들으며
돌의자에 앉아
책을 보다 말고
하늘 치어다본다

문득
내 마음과 영이 저 하늘처럼
그분 앞에서 맑으면
얼마나 좋을까
그분처럼 사랑의 사람으로
살아내면 얼마나 좋을까

항상 성령의 임재 속에
살아가면 얼마나 좋을까
그분처럼 말씀으로
살아내면 얼마나 좋을까
보이지는 않지만
주님 보시기에 별처럼 빛나면
얼마나 좋을까
얼마나 좋을까

기도의 걸음으로

새벽 기도 마치고
세 분의 동역자와 함께
1시간 30분을 내달려
성삼재에 도착하여
기도의 걸음으로
지리산 서북능선
종주를 시작했다
고리봉~묘봉치~만복대~정령치
~ 고리봉~세걸산~세동치~부운치
~ 팔랑치~ 바래봉~ 덕두봉~
구인월까지 약22.4km 이르는 구간이다
5월 중순 맑은 날씨와
온 산야가 싱그러운 연록색으로
채색해가는 그분의 솜씨를
온몸으로 마음으로 느끼며
고리봉, 묘봉치를 지나
만복대(1,438m)에 올랐다

그곳에서

만복의 근원되신

그분을 찬양하며

나아갔다

다시 출발하여

정령치, 고리봉, 세걸산,

부운치에 이르렀을 때

멀리 철쭉군락지가

시야에 들어온다

점점 가까이 가니

흰색, 연분홍, 자홍색 철쭉이

활짝 피어 반긴다

천상의 화원이 여기가 아닌가

그곳을 지나 바래봉(1,186m)에 이르니

앞서간 동역자들이 기다리고 있다

잠시 휴식을 취한 후

다시 길을 재촉한다

덕두봉, 월평마을 지나

구인월에 오니

시계는 오후 6시 40분을

가리키고 있다

내일 큰아들이 미국 의사고시

(Step2)를 치루는 날이라

10시간 넘게 지리산 서북능선을

타고 오르내리며

힘든 구간을 지나면서

아들의 시험과

교회당 건축을 위해

그분의 긍휼을 구하며

기도하며 걸었다

그분의 은혜로 무사히 종주했으니

아들도 Step2 시험을

넉넉하게 패스할 줄 믿고

그분께 감사하며

귀로에 올랐다

성제봉에 올라

봄 향기 가득한 계절에
새벽 기도를 마치고
한 시간을 내달려
악양 매계리에 도착
성제봉을 향한다
수리봉에 올라
능선을 타고 통천문을 지나
형제봉 정상에 도착했다

맑은 하늘 아래
사방을 둘러보니
멀리 북동쪽으로는
회남재, 삼신봉, 천왕봉이
아스라이 보이고
서쪽으로는 왕시루봉과 구례가
남동쪽으로는 하동과 섬진강과
악양들이 한 폭의 그림으로
클로즈업 되어 들어온다

잠시
묵상의 시간과
찬양의 시간 가진 후
능선을 타고 철쭉군락지에
도착하니 천상의 화원이
여기가 아닌가
준비해 온 김밥으로
식사를 하고
잠깐 머물다
능선따라 구름다리
신선대를 지나
고소산성에 이르니
해가 서산에 기운다

황매산 억새평원

깊어가는 가을
두 번의 태풍이 지난 뒤
황매산 억새평원에 서다
더 넓게 펼쳐진
광활한 평원에
은빛을 발하는 억새로 가득하다
간간히 불어오는 바람을 타고
은빛 물결을 일으키며
온몸으로 그분을 노래한다
나 또한 그 한가운데서
온몸과 전심으로
그분을 노래하며
나아간다

4부

연꽃

넓은 잎

그 사이로

길게 올라온

꽃대 위에

고고하게 피어난

연분홍 꽃잎

그 중심에 하이얀 꽃술

원형으로 펼쳐져 있고

그 안에 열매를 담아낼

황금빛 원형 맨션을

짓는다

십자가와 부활

주님이 걸어가신
십자가의 길
나를 위한 길이요
인류를 위한 길이기에
군중들의 환호를 뒤로하고
골고다를 향해
홀로 오르셨던
그 길 끝에는 보혈의 피가
강수 되어 흐르고
주님께 나아오는 자에게
사죄의 은총이 임하고
부활의 주님을 만난다

십자가와 목련

청마의 고향 거제 둔덕
한려수도 내려다보이는
에스더 수양관 어두움 드리워지고
깊어가는 삼월의 밤하늘과 바다와 섬
곳곳에 불빛 반짝인다

수양관 십자가 빛
붉은빛 발하며 비춰오니
보혈의 피 되어 흐르고
목련꽃 붉게 물들인다
그리고 나에게 다가온다
붉게 물들인 목련 꽃과 함께
나에게로 다가온다

봄비

봄비 그치고
수정처럼
영롱한 빗방울 머금고
미소짓는 꽃을 보라
내 마음이
이처럼
맑고 맑으면
얼마나 좋을까
얼마나 좋을까

꽃과 작품

강추위 속에
피어난 한 송이 국화
노오란 꽃술 살포시 머금고
겹겹으로 흰옷을 입고서
고고히 홀로 서 있다가
내게로 다가와 미소 짓는다

예수 믿어 구원의 은혜
감사하여 난 화분으로
말씀이 선포되는 강단에
주를 사랑하는 마음을 담아 드린
성도의 마음 꽃보다 예쁘다

일곱 살 난 손녀 자색으로 된
장난감 도깨비방망이 끝에
자색 재료로 이구아나를
만들어 내게로 가져와 보여준다
손녀의 예술적 창의성을 보며
마음껏 칭찬해 주니 활짝 웃는다
그 모습이 꽃보다 예쁘다

칠순이 시작되는 날

새해 첫날
한국 나이로
칠순이 시작되는 날
칠순을 안고
지리산 천왕봉을 오른다
만상이 깊이 잠든 밤
등로를 따라 홀로 오른다

칠순의 역사를 안고
어두운 등로를 헤드 랜턴을 켜고 오른다
눈길을 조심스레이 홀로
고요 속에 거친 숨을 몰아쉬며
아리랑고개에 올랐다

칠순의 배낭을 메고
로터리 대피소에 도착하니
랜턴 불빛이 별처럼 반짝이며 움직인다
모두가 하나같이 천왕봉을
오르는 사람들이다

나도 그들 틈에 끼여 등로를 따라
가파른 등로를 따라
거친 숨을 몰아쉬며 오른다
천왕샘 하단 쉼터에 도착하니
멀리 어둠 속에 여명이 밝아오고 있다

칠순이 되는 첫날
밤새워 등로를 따라
어둠을 헤치고 드디어 천왕봉에 오르니
멀리 지평선을 붉게 물들이며
힘차게 해가 솟아오른다

새해 첫날 힘차게 솟아올랐다
어둠을 뚫고 온 누리를 밝게 비춘다
칠순이 되는 첫날 떠오르는 해를 천왕봉에서 맞는다
이토록 아름다울 수가! 탄성이 절로 터져 나온다
이토록 장대할 수가! 장관이다

칠순이 시작되는 첫날
전국에서 온 수많은 사람과 함께 본다
그분이 지으신 만물 가운데 하나인 해를 보면서
나는 그분께 감사하며
기도의 손을 모은다

칠순의 역사를 안고
칠순의 역사가 시작되는 첫날
온 누리에 어둠을 밝히는 해처럼
어둠이 드리워진 이 땅에
진리의 빛을 밝히게 하소서

새해 천왕봉 일출

만상이 잠든
새벽 3시 30분
새해 일출을 보기 위해
저마다 헤드 랜턴을 켜고
지리산 천왕봉을 오른다
개선문을 지나 천왕샘 아래
쉼터에 도착하여 정상을 올려다보니
수많은 사람이
어둠 속에 불을 켜고
등로와 계단을 오르는 모습이
눈에 선명하게 들어온다
나도 주일예배와
송구영신 예배를 드리고
그 틈에 끼여 랜턴을 켜고 함께 오른다

정상에
올랐을 때
천왕봉 일출을 보기 위해
전국에서 몰려든
산객들로 가득하다

청소년, 장년과 노인들,
어린아이들까지
저마다 간절한 소원을 가지고
이제 곧 떠오를 해를 기다린다
얼마 후 지평선을 붉게 물들이며
해가 빛을 발하며 찬연히 떠오른다
장관이다
아름답다
사람들은 해를 향해
소원을 빈다

나는
그 한 켠에서
우주만물을 창조하신 하나님
그 가운데 해를 창조하신
그분께로 향한다
그분의 말씀을 읊조린다
"태초에 하나님이
천지를 창조하시니라
땅이 혼돈하고 공허하며

흑암이 깊음 위에 있고
하나님의 영은 수면 위에 운행하시니라.
하나님이 이르시되 빛이 있으라 하시매
빛이 있었고 그 빛이 하나님이
보시기에 좋았더라"(창 1:1-4)

그리고
기도의 손을 모은다
만물을 창조하신 하나님
그 가운데 해를 창조하신 주여!
여기 해맞이하는 모든 이들로 하여금
창조자 하나님을 알게 하소서!
이 땅에 맞이하는 모든 이들로 하여금
창조자 하나님을 알게 하소서!
복을 주시며 생육하고 번성하라
축복하신 하나님을 알게 하소서!
해를 만드시고 우리에게 비춰주시는
하나님께 복을 구하게 하소서!
하나님께 복을 구하게 하소서!
하나님께 복을 구하게 하소서!

선샤인

진주성

거목 사이로

비춰오는 선샤인

찬란한 무지갯빛 발하고

프리즘 되어 어두운 곳을 밝힌다

나 또한

성육신이 되어

참빛으로 오신 그분을

나의 인격의 프리즘을 통해

이 땅 어두운 곳을 밝히며 살아야겠다

엄마표 깨 국수

똑똑
애야 있나?

구십 모친
목양실 앞에 서 계신다
아이고, 어떻게 오셨어요?

깨국수 먹을래?
올해 들어 처음 물음이시다
네, 그러지요!
몇 시에 올끼고?
저녁 여섯 시에
먹으러 갈께요!

모친
문 열어놓으시고
부엌에서
메밀국수 삶아 건지고 계신다
상에는 김치, 오이, 깨 국물

미리 준비해놓으셨다

밥상에 앉으니

커다란 양푼에

메밀국수 듬뿍 담으시고

깨국물 가득 부으신다

거실 가득 퍼져나가는 깨 냄새

감사기도 후

젓가락 가득 집어 입에 넣는다

작은 절구에

절굿공이로 찧어 만드시는

구순 어머니만의 메밀 깨국수

칠순 아들은 가슴 벅차다

맛에

은혜에

감사에

손녀의 교회청소

토요일이면
교회청소를 한다
주일을 준비하기 위해
교회를 섬기는 분들과 함께

일곱 살 손녀도
함께 청소를 한다
참으로 귀하고
아름다운 모습이다

주의 날을 준비하는
성도들이 말씀 앞에
한 주간 오염된 마음을 닦고
주께로 나아오기를 두 손 모은다

교회 장막터

창조자의 섭리 따라

교회 장막터에 피어난 꽃

그분의 형상을 따라

그분의 모양대로

지음 받은

우리 각인이

우리를 향하신

그분의 뜻에 따라

그분이 기뻐하시는

아름다운 꽃들을 피우며

열매를 맺으면 얼마나 좋을까

태풍 힌남노

강력한 태풍
"힌남노" 북상으로
밤잠을 설친다

새벽 3시
비바람이 무서운 기세로
세차게 휘몰아친다

목양실 밖
캄캄한 어둠 속에
나무들이 비바람에 우짖는다

나는 조용히 일어나
옷을 입고 목양실을 나와
예배당에서 기도의 손을 모은다

주여!
이 땅에 "힌남노"로 인한
인적, 경제적 손실 최소화되게 하소서!

주여!
이 땅에 오염된 공기를 태풍으로 깨끗하게 하소서
태풍으로 코로나 바이러스가 사라지게 하소서

내 치아

치아
하나님이
심어놓으신 것
윗턱에 열네 개
아래턱에 열네 개
육십팔 년간 맷돌질
성실히 잘 감당해 오다가
아래쪽 앞니 세 개 흔들흔들
아래 오른쪽 어금니 둘 흔들흔들
오늘 치과의사의 손을 빌어
발치함으로
그 수를
다했다
내 신체 중
아래쪽 치아 다섯 개가
제일 먼저 내 곁을 떠났다
제일 먼저 떠나갔다
제일 먼저

0.73%

20대 대선
최종투표가 종료되고
초박빙이라는
언론의 출구조사가
발표된 가운데
개표가 시작되었다
누군가가
금번 대선 당락은
"신의 영역에 속한다"라고 말한다
밤새 가슴 졸이는 시간 지나고
투표결과
0.73% 차이로
한 사람은 이기고
한 사람은 패배했다
한편은 환호하며 기뻐하고
한편은 안타까워하며 슬퍼했다
모두가 한반도에 뿌리내린
모두가 한민족이요
모두가 대한민국
국민인데

이제
진영논리
멈추고 서로
진리 안에서 하나 되어
사랑으로 용서하고 포용하여
좌우로 치우치지 않고
빛을 발하는 지도자
온 누리를 밝게
비추는
지도자 되기를 바라며
기도의 손 모은다

주여!
고레스 같이
하나님을 경외하는 지도자
국민을 사랑하고 섬기는 지도자
나라를 공의로 다스리는 지도자 되게 하소서!
통치자를 폐하기도 하시고
세우기도 하시는
그분 앞에
겸손히
지혜를 구하는
지도자 되게 하소서!

                       2022. 3. 10일 목양실에서

봄을 기다리며

꽃을 가꾸는 목사
꽃을 사랑하는 목사
입춘 지나
봄이 오는 길목
교회 배란다 한 켠
동백꽃, 천리향
맺힌 꽃봉오리 속에
봄을 보는 목사
긴 겨울 코로나로
움츠린 가슴
활짝 펴고
이제 곧 피어날
봄꽃처럼

성도여
신앙의 봄꽃
활짝 피어나라
교회여
말씀의 천리향

활짝 피어나라
하여
이 땅의
모든 성도
모든 교회여
그리스도의 향기
날리고 날리며
채우고 채우라

꽃이 핀다

꽃이 핀다
이슬 머금고
함초롬히
피어난다

꽃이 핀다
햇살 받으며
활짝 웃으며
피어난다

꽃이 핀다
순결한 꽃잎
향기 발하며
피어난다

아!
묘하다
피어나는 꽃 속에
손녀의 얼굴이 보인다

나는 노래한다

초겨울
매서운 한파 속에
지리산 천왕봉 오르니
아름다운 설경이
펼쳐진다

칼바람이 불어오는
정상 한 켠에서
나는 노래한다
"누군가 널 위하여"

나는 노래한다
나를 위해 지금도
기도하고 계실
그분을 생각하며

나는 노래한다
코로나 펜데믹으로
고난의 골짜기를

지나고 있는
사랑하는 자를 위해
기도하고 계실
그분을 생각하며

나는 노래한다
온 맘으로 노래한다
칼바람에 손끝이
시려온다

마이산 십자가

늦가을
사십육 년 만에
마이산 찾아드니
짙게 드리운 운무 사이로
거대한 암봉 솟아 있다
두 암봉 사이로
붉게 물든 아름다운 단풍
절묘한 조화를 이루고
나는 그 사이로
가을을 걷는다
그중 한 암봉에
거대한 십자가 형태로
암각되어 있는 형상이
내 눈에 클로즈업 되어
들어온다

그분께서
노아홍수 사건을 통해
암각해 놓으셨다
그러나 사람들은 모른다
무심히 지나친다
관심이 없다

오히려
사람들은 두 암봉을
복을 주는 신으로 섬긴다
하나님이 복의 근원인데
사람들은 두 암봉에게
죄악으로부터 구해달라고 구한다
십자가의 도가 구원 얻는 자들에게는
하나님의 능력인데
그들에게는 십자가가 보이지 않는다
하나님이 암각해 놓은
사랑의 십자가가 보이지 않는다
구원의 십자가가 보이지 않는다

주여
내게 선명하게 보여주신 십자가
여기 들며 나는 모든 심령들에게 보여주소서
저들도 보게 하소서
저들도 보게 하소서
저들도 보게 하소서

가을을 걷다

변하는 계절 속에

푸르른 잎새들

낙엽되어 떨어지고

운무 드리워진 산길

가을을 걷는다

로뎀나무 아래서

단풍나무 아래서

잠시 머물러 있다가

가을을 걷는 사나이

하늘 청명하다

탑 바위

의령 정곡
남강변 한 켠
절벽에 위치한
"탑 바위"
사람들 중에
소원을 빈다
탑 바위를 바라보며
소원을 빈다
가족의 무병장수를
가족의 무사태평을
풍족한 삶을
살게 해 달라고
부자 되게 해 달라고
두 손 모아 복을 빈다

바위는
그저 바위일 뿐인데
그분의 형상과 모양을
닮은 사람들이
탑 바위에게
소원을 빈다
복을 달라고

아
그들은
하나님의 형상을
잃어버린 게 분명하다
그들은 그분을
알지 못하는 게 분명하다
그들은 그분을 떠나
살고 있는 게 분명하다

나는
탑 바위에서
복의 근원되신 그분을
나를 지으시고 부르시고
여기 보내신 그분을
전 인격으로 온맘 다해
노래하며
나아간다

봄, 목련꽃을 피우며

이른 아침

진양호 한 켠

조그만 소류지

바람의 침묵

고요함 속에

그분의

섭리 따라

봄은

목련꽃을 피우며

살포시

내게로

다가왔다

생명의 알

그분의
섭리에 따라
긴 겨울잠에서
깨어난 개구리
봄의 전령이 되어
햇빛 동산 연못에
보호막 안에
생명의 알을
쏟아 놓는다
동산 연못에
반영된 나뭇가지
생명의 알은
봄을 기다린다

여기
그분을 믿고
따르는 자를 통해
그분께서
생명의 말씀을 성령의 보호막으로
감싸안고 생명을 잉태하고
풍성케 하는 봄을
기다린다

매화

사람들은

추운 겨울 이겨내고

고고히 피어난 매화꽃의

고상한 아름다움을 보고서

저마다 노래하지만

나는 그분의

창조의 섭리 따라

청매, 백매, 홍매화나무

누군가에 의해 심겨진 후

봄이 오면 어김없이 꽃봉우리 맺어

아름답게 고고히 피어나

은은하게 향기를

발하게 하시는

그분을 본다

커피와 익투스

그분이
허락하신 하루를
목양실에서 시작할 때
커피를 내려
막사발에 담아
두 손으로 감싸 안고
마시려다 말고
막사발 안에 담겨진
커피를 바라보니
하늘과 땅을 상징하는
그림이 절묘하게
그려져 있다

잠시
막사발을 내려놓고
폰에 담아보니
그분께서
물고기 한 마리를
넣어 주신다

"익투스(ΙΧΘΥΣ)

예수 그리스도는 하나님의 아들

나의(우리의) 구세주"

오

주여

감사합니다

당신은 하나님의 아들이시요

나의 구원자가 되십니다

거제 망산에 올라

짙게 드리워진
어두움을 뚫고
등로를 따라
망산(望山)에 오르니
멀리 지평선 넘어
구름 사이로
태양 찬연히 떠오른다

흑암으로
짙게 드리워진
고요한 아침의 나라
어두움 물러가고
한려해상의 아름다운 풍광이
한눈에 들어온다
누군가 이를 가리켜
천하제일경이라 했던가

나는 떠 오르는
태양을 바라보며

흑암에 쌓인 이 땅에

권서인들을 통해

복음의 빛을 비춰게 하신

하여 그를 믿는 자에게

부활의 소망을 주신

그분을 찬양하며 나아간다

신선대에 올라

초여름

시원한 연녹색의

옷으로 갈아입은

백운산 능선

정상 가까이

망대처럼 우뚝 솟은

거대한 바위 봉우리

신선대

그 위에 올라가

벅찬 감격으로

창조자 하나님

나를 부르신 하나님

나를 구원하신 하나님

이제 곧 다시 오실 그분의

임재와 사랑을 느끼며

나는 노래한다

고사목

한겨울
봉명산 아래
수를 다한 한 그루 노송에서
무엇으로 빠르게 두드리는 소리를 듣고
가까이 다가가니 밑동을 비롯한 여기저기
크고 작은 구멍이 뚫려 있다
그중 가장 큰 구멍으로 들여다보니
고사목 안쪽은 속살을 드러낸 채
텅 비어 있었다
궁금하여
몸을 낮추어 조심스럽게
고사목 내부로 들어가
비어 있는 나무 속에서
일어나 하늘 올려다본다

수를 다한 이후 속을 훤히
볼 수 있기까지 얼마나
많은 시간이 흘렀을까?
생각하면서

노 거송 안에서
거송의 속살 내면의
다양한 모습을 폰 카메라에
담아내고 있는데
위에서 빠르게 두드리는
소리가 들려온다
소리의 주인공은
다름 아닌 딱따구리다
딱따구리가 부리로
나무 쪼는 소리를 들으면서
조심스럽게 빠져나왔다

마음이 동하면

지척에 진양호가 있다
자동차로 오 분이면
갈 수 있는 거리에
진양호가 있다
목양실에 머물다
마음이 동하면
진양호를 향한다

목련꽃이 피어나는 봄에도
수양버들 늘어진 여름에도
낙엽 떨어지는 가을에도
찬바람 옷깃을 스치는 겨울에도
마음이 동하면 이따금
진양호에 간다

오늘도 늦은 오후
목양실에 말씀을 준비하다 말고
동하는 마음에 진양호를 향한다
차를 주차해 놓고
호반을 따라 나 있는
오솔길을 걷는다

호반을 붉게 물들이는
석양을 바라보며 걷는다
마음이 동해 이곳에 오면
머물다가는 나만의 묵상의 장소
호수와 맞닿은 한 켠에
조용히 앉았다

눈을 감고
조용히 그분께로 나아간다
얼마의 시간이 지나
눈을 떠보니 잔잔한 호수 위에
겨울 철새들이 날아오르고
붉게 물들이는 석양 속에
멀리 지리산이 눈에 잡힐 듯
아스라이 클로즈업되어 다가온다

지리산 야생화

창조자의 말씀 앞에서
그분의 섭리에 따라 싹이 나고
자라 아름답게 피어난다
오염되지 아니하고
순결하게
고고한 모습으로
오직 그분을 기쁘시게
하는 것으로 즐거워하며
환한 미소로 나를 반긴다

아
세상에
오염되고
더러워진 나보다
그분을 기쁘게 하는구나
그럼에도 나 또한 있는 모습
그대로 그분의 긍휼을 구하며
그분의 말씀 앞에
오뚝이처럼 선다

천왕봉 일출

내 생애 처음으로
칠흑같이 어두운 밤
헤드 랜턴을 켜고
등로를 따라 오른다
천왕봉 일출을 보기 위해

복(망)바위에 도착
잠시 쉬며 시편 1편을
되새김질한 후에
다시 등로를 따라 오른다
천왕봉 일출을 보기 위해

정상아래 쉼터에 이르니
멀리 동녘 하늘이 실낱처럼
붉게 물들어 오는 것을 보며
등로를 따라 오른다
천왕봉 일출을 보기 위해

천왕샘 생수를 마시고
천왕봉 정상에 올라서니
새벽 다섯 시 삼십 분
산 그리매 넘어 떠오를
천왕봉 일출을 기다린다

산그리메 넘어
운무 사이로 찬연히
떠오르며 온 누리를 밝히는
아침 햇살을 온몸으로 받으며
천왕봉 일출을 본다

기도하며 오르게 하신 하나님
말씀을 되새김질하며 오르게 하신 하나님
어둠을 뚫고 두려움 없이 오르게 하신 하나님
천왕봉 일출을 보며 노래하게 하신 하나님
이 모든 것이 은혜이다